BRAIN ME UP

OFFICE

```
C H A P R A S I Z T F I L E N
P O E I R E G R E I C N O C A
N I M C N E L B A T C E L E V
M O H M Y C N S T E M P J H A
T A I S I C U O C F H A C E R
H E I T R S L M I E H R Q B C
R N L L A E S O B T P N A Y H
O T D W J E N A S E A T S S Y
N P O F M H R E R T N L E W N
E F G C X D J C V I Y T B R G
I N S I G N I A T N A L R O B
P I H S E T A G E L O T E H V
R E C T O R A T E M R C N R R
T A I R A T E R C E S L Y C D
S E R A S K I E R A T E X G J
```

CHAPRASI	FILE	SCEPTER
COMMISSARIAT	INCUMBENT	SECRETARIAT
CONCIERGERIE	INSIGNIA	SERASKIERATE
CONVENERSHIP	LEGATESHIP	TEMP
CREATION	MAIL	THRONE
CYCLOSTYLE	NAVARCHY	
EJECT	OBLATION	
ELECTABLE	RECTORATE	

GARDEN

```
G E T H S E M A N E B C A N E
C H N P K U F L A T V L I O S
O G C I E F G D A I G G O L L
N W E T P C E A R T H Y S O E
S T E J A L N B R A X S L O M
E X P F Z P A O K A Y S U J D
R A E A R I P S C B P L G D D
V A R E D E H S T A F S I E P
A D G G B T V T R N M T A A I
T T O D E B R E W O L F Y Z K
O U L I O L A T F V A G Y I R
R G A R D E N I A I K U N N B
Y E P A C S D N A L R C D N K
H C A N I P S U N D I A L I B
R E E T N U L O V X R B E A N
```

ALPINE	FLAT	SLUG
ASPARAGUS	FLOWERBED	SOIL
BLOOM	GARDENIA	SPINACH
CANE	GETHSEMANE	SPIRAEA
CONCEPT	KAILYARD	SUNDIAL
CONSERVATORY	LANDSCAPE	VOLUNTEER
EARTHY	LOGGIA	ZINNIA
FATSHEDERA	PATCH	
FEVERFEW	PERGOLA	

Puzzle #3

GRADUATE

```
S G A C G R A D U A T I N G C
C U M R E T S A M H O N O R A
O A N A T S I M A H E K Y W L
L D M M T E S R U O C E F P I
L G O O U E R C E D R E R B
E Y R C L L T A J A T S L O R
G E S A T P A Q D O H T L S A
E A L M D O I A G C R W O P T
L R N T K U R D E A E H W E I
E M U D G X A A C A S I L C O
A L Y E K A Q N T Q H L Q T N
L I N G U I S T D E O E V H K
G Y M N A S I A S T L N A B O
R O T C U R T S N I D R N D X
P R O F E S S O R G Y R A U E
```

ALUMNUS   ERSTWHILE   LINGUIST
CAGS   FELLOW   MASTER
CALIBRATION   GMAT   PROFESSOR
COLLEGE   GRADUAND   PROSPECT
COURSE   GRADUATING   THRESHOLD
DECREE   GYMNASIAST   WYKEHAMIST
DIPLOMA   HONOR   YEAR
DOCTORATE   INSTRUCTOR

Puzzle #4

CLASSROOM

```
E   P   B   D   J   R   B   A   I   N   T   E   R   N   M
C   V   I   Y   E   G   G   R   P   L   Y   L   C   O   I
S   O   O   H   T   Z   L   R   A   A   V   H   U   S   C
K   S   U   R   S   I   I   O   L   V   P   Q   X   C   R
H   C   E   R   P   R   X   G   W   A   A   E   V   I   O
C   O   A   N   S   P   O   A   R   E   R   D   R   T   C
Y   M   M   B   E   E   A   T   L   E   R   X   O   A   O
S   L   A   E   H   V   W   E   A   A   N   I   L   N   S
Q   N   E   I   W   S   I   A   R   T   I   E   N   T   M
Q   U   Q   R   N   O   A   S   R   A   C   L   R   G   I
A   A   A   T   U   R   L   U   E   U   I   A   F   C
S   H   G   D   R   P   A   K   F   F   G   C   D   E   P
D   E   T   C   E   F   N   I   M   U   F   J   O   Q   R
G   N   I   N   R   A   E   L   N   W   Q   E   S   U   B
N   E   T   R   A   G   R   E   D   N   I   K   Z   D   S
```

APPROVE	GLOWERING	MICROCOSMIC
ARROGATE	HOMEWORK	OSCITANT
BRAVADO	INFECTED	PAPER
COURSEWARE	INTERN	PURELY
DICTATORSHIP	KINDERGARTEN	RAUCOUS
EFFUSIVENESS	LAXITY	REALIA
ENERGIZE	LEARNING	
FLASHBACK	MAINTAIN	

HISTORY

```
E R E H P S O L G N A X N V A
A R B U T H N O T Y K E S N N
C O S S A C K D R L K L D C T
P R E S C O T T R O U C O I I
D Y L R E M R O F E B G E F S
T E F R E E M A N B S A O L E
E N N I P M I A G K Y S L M P
L G H D R O B O V A T E O I T
E M F S R O S U F F E R A O I
O Y G O L O T E P R E H U R C
L S W F B Z L S L A C I P Y T
O B G B L P D O I A H A V C N
G Z I L P O Q E G H A T A F O
Y S Z N I C H T H Y O L O G Y
S I S E N E G O L Y H P R X C
```

ANGLOSPHERE	FREEMAN	OBOVATE
ANTISEPTIC	HERPETOLOGY	PHYLOGENESIS
ARBUTHNOT	HISTORIFY	PRESCOTT
COSSACK	ICHTHYOLOGY	SIDE
DENDROLOGY	IMPI	SUFFER
DRESS	LABOR	TELEOLOGY
FOLK	LECKY	TYPICAL
FORMERLY	MOGUL	YEAR

TRUCK

```
G  D  R  E  T  S  L  O  B  Q  W  C  G  C  R
R  A  A  B  O  O  K  M  O  B  I  L  E  A  I
C  E  G  O  C  A  R  T  A  G  E  U  H  R  D
Y  A  P  E  L  O  G  Y  H  O  I  S  T  G  E
R  L  R  M  W  K  M  R  V  I  L  T  C  O  I
O  O  L  R  A  U  C  P  A  A  Y  E  W  F  R
G  T  A  O  Y  C  L  A  A  D  E  R  U  A  A
L  C  D  D  D  A  K  J  B  C  E  H  W  L  I
D  R  I  V  E  R  L  M  A  R  T  I  X  L  O
O  W  H  G  N  O  A  L  D  A  E  R  P  S  L
D  I  S  T  R  I  B  U  T  E  D  P  Q  W  R
K  C  A  B  L  L  O  R  L  R  E  G  P  W  H
T  H  R  I  V  I  N  G  Z  W  Q  R  O  I  S
T  R  A  N  S  P  O  R  T  E  R  K  L  Z  T
G  N  I  K  C  U  R  T  G  E  D  N  H  L  L
```

BACKLOAD	DISTRIBUTED	ROLLBACK
BOLSTER	DOLLY	SPREAD
BOOKMOBILE	DRIVER	THRIVING
CAMPER	GAGE	TIPPER
CARGO	GRADE	TRAM
CARRYALL	HEAVY	TRANSPORTER
CARTAGE	HOIST	TRUCKING
CLUSTER	RIDE	
COMPACT	ROADEO	

Puzzle #7

CHRISTMAS

```
C  A  D  N  I  B  O  X  I  N  G  F  G  P  T
R  R  L  E  F  A  I  N  T  L  Y  R  L  A  A
I  B  Z  O  T  E  Y  B  P  S  H  A  O  R  M
M  O  L  T  R  A  R  L  N  A  F  N  G  O  E
B  R  O  M  U  A  R  B  L  A  C  T  G  L  G
O  E  H  H  T  P  C  C  H  O  L  I  D  A  Y
B  A  G  N  I  D  O  O  G  Q  H  C  H  J  T
Q  L  A  I  R  A  N  I  M  U  L  W  U  H  W
R  E  S  I  M  E  M  I  M  O  T  N  A  P  I
I  Q  V  H  G  A  T  L  A  A  U  Q  B  Z  N
I  C  X  A  T  U  R  K  E  Y  A  W  M  W  E
L  Z  E  C  T  W  E  L  F  T  H  T  I  D  E
Q  H  A  I  X  C  L  I  A  S  S  A  W  Q  Q
Y  R  T  N  I  W  O  V  F  K  O  H  W  S  G
H  A  P  S  A  C  U  W  N  S  I  F  Q  A  I
```

ARBOREAL	GOODING	QUAALTAGH
BIND	HOLIDAY	TAME
BOXING	HOLLY	TURKEY
CAROL	LUMINARIA	TWELFTHTIDE
CRATE	MISER	TWINE
CRIMBO	OCTAVE	WASSAIL
FAINTLY	PANTOMIME	WINTRY
FRANTIC	PAROL	
GLOGG	PUTZ	

Puzzle #8

FLORAL DESIGN

```
D A D V E N T I T I O U S A C
C I S U O R E M O S I N A U R
D A P C D E E C K A Y A K T E
Y L M A O E T S N C D L Z O S
T P O E D H S T I A E V S M T
F M G M O U E I L C H P Z O E
T E R F F O C R G E N C S T L
Y R T E M M Y S E N N I O I A
F U T U R A M I C N E G T V B
Y R E D I O R B M E T D F E O
C I T S I R U T U F S K L R R
P M A T S D N A H C K Y L Y A
S I D E S W E P T J H Y F M T
S T A M I N O D Y L S K Y S E
L A C I R T E M M Y S E G T B
```

ADVENTITIOUS
ANISOMEROUS
AUTOMOTIVE
CAMEO
CHANCE
COFFRET
COHERENT
CREST

DESIGNEDLY
DIPAD
ELABORATE
EMBROIDERY
ETTLE
FUTURAMIC
FUTURISTIC
HANDSTAMP

INCISE
KAYAK
MOLD
SIDESWEPT
SPEC
STAMINODY
SYMMETRICAL
SYMMETRY

MAIL

```
A B S E N T E E C O I F D H M
D N E P E D E L F R E E I A A
E X P R E S S S I F T M S B C
D N M T D T O L S F A A C E U
O R I A O I A B A U M T O R L
C T O H I H A B P W G T N G A
C D Z L C L S P E N N E T E T
U K V S D A C L E R K R I O U
P S H I P N M L I R M S N N R
A O A A P Z A L A A P P U J E
N K T P N X W L L D M A E M A
T P H I S H I N G U D M S T Y
Y R A T E R C E S O A M B J Y
X E T E L E T C J B L Y L D A
D E T I C I L O S N U P J L U
```

ABSENTEE	LANDLORD	REBATE
COIF	MACHINE	SECRETARY
DEPEND	MACULATURE	SHIP
DISCONTINUE	MAILCLAD	SIFT
EXPRESS	MAILSHOT	SPAMMY
FILE	MATTER	TELETEX
FREE	OCCUPANT	UNSOLICITED
GUSSET	PHISHING	
HABERGEON	PREPAID	

Puzzle #10

GRAPHIC DESIGN

```
A  T  Y  C  L  A  S  S  C  I  S  E  R  H  I
E  I  O  S  M  G  T  R  H  P  C  M  E  Y  D
E  L  R  P  U  Z  H  D  E  S  T  I  N  E  E
P  S  E  F  H  B  E  N  M  A  C  X  D  T  O
Y  O  U  C  R  G  P  R  I  L  L  O  E  O  G
C  I  T  O  A  U  V  S  T  D  G  R  G  R
V  N  N  P  H  R  M  O  E  I  C  R  I  R  A
V  G  Y  T  A  P  O  E  B  R  C  A  N  A  P
N  M  R  B  R  L  W  L  R  E  T  P  G  P  H
E  I  R  E  S  I  O  N  I  H  C  H  L  H  Y
M  O  D  E  L  U  C  I  R  E  T  N  I  R  P
R  E  T  U  O  R  D  A  O  N  R  Y  L  I  T
L  I  O  F  X  E  S  X  T  D  Y  X  C  X  A
Y  H  P  A  R  G  O  D  U  E  S  P  D  F  M
P  H  R  E  N  O  G  R  A  M  S  C  Y  F  K
```

AIRFRAMER	HOUSE	PHRENOGRAM
BOUGHPOT	HYETOGRAPH	PRINTER
BUSY	IDEOGRAPH	PSEUDOGRAPHY
CHEMISE	IDEOGRAPHY	RENDERING
CHINOISERIE	INTRICATE	ROUTER
CLASS	LAPTOP	SALTIRE
DESTINE	MIXOGRAPH	SEXFOIL
ELECTROLIER	MODEL	

Puzzle #11

SEA

D A C T I N I F O R M L Q F X
I S N L K L A N I H C E I E Y
T H U A A N E O L F R U S O D
C E E O D N I W O L F W T N B
H L H R M R O R H E A V Y A W
R S E S L O O R D T D I S U A
W A T R E I R M O S F O B M V
L E G A E R N D E C E I R A E
C K O G T K F G A C T X R C H
O D D N E I C N B N A S H H D
S P E A K D C A J M A F G I T
A O N Z I G E E M J X X R A L
L A R O T T I L B U S P K U E
Y H T R O W A E S N U G I I S
Z A V D N I H Z X Z V E Z G P

ACTINIFORM	FLOW	STATICE
ANADROM	FRESHET	SUBLITTORAL
ANADROMOUS	HEAVY	SURF
BOIL	HERLING	SURFACE
CORONAL	MACKEREL	THRIFT
DITCH	NAUMACHIA	UNSEAWORTHY
DRINK	RAGGED	WAVE
ECHINAL	RODE	
FLOE	SPEAK	

Puzzle #12

STAR

A	S	T	E	R	O	X	Y	L	O	N	D	R	O	F
O	C	A	R	D	E	R	A	Z	I	M	U	K	K	A
T	T	E	S	O	O	X	R	E	P	I	L	A	C	T
F	A	E	L	I	C	I	O	G	N	I	T	E	E	M
U	P	E	E	U	W	C	R	C	E	W	T	W	M	O
L	U	R	H	W	B	E	U	E	H	I	U	X	K	S
G	L	S	Z	C	S	O	L	L	P	O	X	O	Z	P
E	L	B	I	A	S	R	L	A	T	Z	R	Y	Q	H
N	Y	R	R	A	T	S	E	G	D	A	C	D	P	E
T	E	E	T	I	L	L	E	T	A	S	T	Y	A	R
S	T	E	L	L	A	T	E	O	T	K	K	I	B	E
B	R	E	P	U	S	P	P	F	J	I	G	A	O	N
O	V	E	R	W	R	O	U	G	H	T	B	Y	F	N
O	R	N	I	T	H	O	G	A	L	U	M	X	U	J
V	A	R	I	A	B	I	L	I	T	Y	E	E	B	Q

AKKUM	GLOBULE	PYXIE
ASTEROXYLON	LEWIS	SATELLITE
ATMOSPHERE	MEETING	SCHEAT
BITTERSWEET	MIZAR	STARRY
CALIPER	OCCULTATION	STELLATE
DRACO	ORNITHOGALUM	SUPERB
EXOCHORDA	OVERWROUGHT	VARIABILITY
FORD	PERIOD	
FULGENT	PULL	

STOP DEPRESSION

```
B  B  C  D  E  R  A  I  L  M  A  O  L  Y  S
U  R  I  A  A  R  A  E  P  P  A  S  I  D  B
R  A  T  N  V  E  S  W  X  L  T  S  E  R  K
Y  K  S  N  T  I  D  K  A  T  A  L  L  E  S
E  E  U  B  E  R  T  X  I  S  F  I  Q  B  E
E  N  M  E  Z  V  O  Y  D  P  H  S  N  R  A
M  U  P  P  N  H  E  C  R  E  P  P  U  C  S
S  O  J  O  U  R  N  R  E  S  W  A  G  B  Q
H  C  N  U  A  T  S  S  P  S  E  R  X  E  V
D  I  Z  A  I  N  O  R  P  I  S  E  A  O  V
P  R  O  H  I  B  I  T  I  O  N  I  C  Q  L
S  S  E  L  E  S  R  O  M  E  R  D  O  Z  I
S  T  R  A  N  G  L  E  F  R  K  F  Z  N  T
E  T  A  L  U  G  N  A  R  T  S  G  I  W  L
J  X  W  O  K  K  G  B  F  R  L  I  Q  C  M
```

BRAKE	PLAIN	SPARE
BURY	PREVENT	STAUNCH
CAVITY	PROHIBITION	STRANGLE
DEAD	REMORSELESS	STRANGULATE
DERAIL	REST	SUMP
DISAPPEAR	SCUPPER	SWAG
INTROCESSION	SELLA	WASH
IPRONIAZID	SKIP	
LOAM	SOJOURN	

DOG

```
A  K  B  G  R  W  I  C  U  R  B  L  E  E  H
N  N  C  A  N  E  O  G  Y  M  R  O  W  E  D
N  W  S  A  I  I  D  H  R  N  D  O  G  G  Y
F  W  A  W  B  T  K  N  C  O  O  E  E  Z  F
Z  A  O  F  E  E  J  R  U  M  C  L  K  Q  G
F  E  U  T  E  R  E  R  A  O  O  L  O  I  V
L  E  A  M  E  R  A  G  M  B  B  P  W  G  H
M  A  L  A  M  U  T  E  U  R  O  J  P  O  Y
H  C  H  D  W  O  L  F  S  Y  A  Y  A  E  Y
R  R  A  Y  D  L  G  Q  H  Z  H  T  E  I  T
N  A  Z  F  F  A  O  Q  E  X  J  U  T  S  M
I  X  E  Y  N  S  P  E  R  W  Z  C  W  E  H
Y  C  K  R  P  W  B  U  L  Z  S  I  N  C  R
E  C  I  A  R  X  L  G  H  S  J  G  J  S  B
L  M  J  E  D  J  G  X  I  V  U  U  U  B  Z
```

ANSWER	DEWORM	MUSHER
BACK	DOGGY	PADDLE
BAIT	FAWN	RATTER
BARKING	FEUTERER	TOWN
BOUNDER	HEEL	WOLF
CHOW	HIKE	YARR
CORGI	LEAMER	YOWL
CURB	MALAMUTE	
CYNOLOGY	MOPPET	

Puzzle #15

HAPPY

C B L E A K W A Y L B B U B E
C I L U F I T N U O B V W X X
C A T E G R E I C N O C H V C
Z O N S T N E M E L P M O C I
Y E M C I G S A Q U D D O L T
R T X E E U L T H T S X P A E
A M E H D L R E Z H S S L U M
P G Y I I Y L T A Q S J I R E
T N Z X A L G E L M A D W E N
H I F W K G A J D A F W S L T
D O W N H E A R T E D O T B S
E L B A D A R G A E V I R H T
D E V O R P M I F T L B N O T
M R O F R E P F N Z E F M C J
T N E M L L I F L U F D L K W

ALTRUISTIC	CONCIERGE	IMPROVED
ANIMATE	DOWNHEARTED	ISSUE
BLEAK	EXCITEMENT	LAUREL
BOUNTIFUL	EXHILARATED	PERFORM
BUBBLY	FULFILLMENT	RAPT
CANCELLED	GAIETY	THRIVE
COMEDY	GLEAM	WHOOP
COMPLEMENT	GRADABLE	

Puzzle #16

DRINKING

```
S  B  U  Z  Z  W  J  C  X  C  D  R  U  N  K
D  U  Y  R  D  T  N  A  R  U  T  A  N  E  D
O  Y  O  R  A  H  W  N  Z  P  G  U  S  T  O
G  E  T  I  I  E  T  I  R  H  Y  T  O  N  V
G  E  R  I  M  A  T  K  O  O  S  A  L  S  E
E  L  T  A  L  E  L  I  C  L  T  V  X  J  R
R  Z  A  A  W  A  T  N  K  D  E  Y  Y  O  D
Y  G  K  K  R  S  U  S  Y  E  I  M  U  A  R
Y  Z  L  O  O  E  S  T  B  R  N  N  Y  G  I
T  N  U  T  S  P  D  A  N  A  S  N  N  V  N
S  E  R  I  O  U  S  O  L  E  W  V  G  T  K
T  O  A  S  T  E  R  A  M  G  V  I  C  M  X
T  C  E  V  I  T  A  R  E  P  O  E  R  P  B
A  I  L  A  N  R  U  T  A  S  K  G  K  D  G
S  Y  M  P  O  S  I  A  C  P  R  K  C  K  S
```

ABSTEMIOUS	GLASSWARE	ROCKY
BUZZ	GUSTO	SATURNALIA
CANIKIN	LAIRY	SERIOUS
CUPHOLDER	MODERATE	STEIN
DENATURANT	OVERDRINK	STUNT
DOGGERY	POKAL	SYMPOSIAC
DRUNK	PREOPERATIVE	TEAR
EVENTUALITY	RHYTON	TOASTER

Puzzle #17

E SPORT

C E Y A K C A M L A R D U U T
M H L H O O P S I P T E N N J
E Z E L P U I C N P S O X A G
C K H L I K M O C L T A H O H
W A A N S V K U O I I U T S B
Y D L T A E S T L Q C L R C E
F E R L S M A T N U K K A F E
R E K A E P S C N E Y A C Y R
F M Y C O R O T O U J G K K B
F I L J O B W R A U H F S S S
E Z X I M J E I T B N H I Y G
R T R N M E L E N I I T D D K
L L O S M I L P N N N A E M K
K R O W D A O R W K E G D R H
Y R A N I M I L E R P R J H Z

APPLIQUE
BATSMAN
BOXER
CALLER
CHELSEA
COUNTER
HAND
HOOP
HUNTSVILLE

JOCKEY
KNEEBOARD
LINCOLN
MACKAY
PLIMSOLL
PRELIMINARY
ROADWORK
SCOUT
SHOT

SPEAKER
SPORTING
STICK
TAKE
TRACKSIDE
TURF
WINNER

UNIVERSITY

```
H  I  B  A  D  A  N  K  O  T  D  O  O  H  V
A  A  P  W  W  V  U  R  E  L  F  P  Z  S  E
R  S  R  A  X  P  Q  D  E  R  O  A  A  A  G
A  L  J  V  C  X  R  U  A  H  R  M  R  S  B
R  R  U  P  A  H  L  O  K  P  G  T  O  D  S
E  P  Q  L  R  R  U  V  F  K  B  I  E  U  H
P  Q  C  A  M  I  D  C  W  E  J  Y  H  C  C
G  K  E  N  S  U  N  J  A  J  S  W  K  Q  O
R  M  Z  T  G  S  I  C  B  I  B  S  D  H  E
A  O  W  A  N  N  I  V  E  R  S  A  R  Y  V
C  E  T  U  T  A  T  S  I  T  R  H  D  T  U
X  I  I  C  O  L  U  U  T  R  O  I  N  E  S
C  O  L  L  E  G  I  U  M  A  T  N  P  N  S
W  I  S  N  C  R  E  S  P  O  N  S  I  O  N
S  A  B  B  A  T  I  C  A  L  R  T  N  V  S
```

ANNIVERSARY	IBADAN	PRINCETON
ASSISTANT	KERR	PROFESS
COLLEGIUM	KOLHAPUR	RECTOR
DRAFT	OLOMOUC	RESPONSION
HARARE	PACHUCA	SABBATICAL
HARVARD	PADUA	SENIOR
HIGHER	PASS	STATUTE
HOOD	PLANT	TRIVIUM

BABY SHOWER

P B B B E G L U B D L B F F G
R E A R R C O W L I C K E L A
F E E B A E M L L O M T E A Y
I O L L Y S A U P K V E D G B
N D R W S S H S I M B R T E Y
F V J C A A H E T S U M A O U
A C Y G E R J I L F A L C L S
N R U S K P C W P K E N P E A
C N T R E H S U P B C E M T G
Y T N A F N I C J Y S I D Y E
Y L A H P E C O R C I M R L G
E G A I R R A C S I M Q H T F
S C A R E B A B E U F B I P S
S T I L L B I R T H I M D H S
K B Q M U I I P N E K G H B Q

ASLEEP	FORCEPS	PUSHER
BABYSHIP	GAYBY	RUSK
BRASH	GYMNASIUM	SCAREBABE
BREASTFEED	INFANCY	STILLBIRTH
BULGE	INFANT	TERM
COWLICK	MICROCEPHALY	TRICKLE
CRAWLER	MISCARRIAGE	USAGE
FEED	MOLL	
FLAGEOLET	PLUMP	

PEOPLE

```
C A M E M X R A G A B A S H G
E O W A O Y O N U D O G I D E
H S S O Y K I T A N E M U K N
H C E T I A D Z I P R G S A U
J E N N A B N R C R S W A W I
V U R E A N V K U R O N I J N
E S V D R P O Z R E E C I Y E
I Y Y C Z F A A U E D N O B E
G N I S U O H J N Y C I N M D
E I R H P M A J M A L C O A M
E C N E R R U C N O C L F R M
I N T E R R A C I A L G E X F
I T A R E T I L T E L L I M S
P O P U L A R P U B L I C X Q
E D U L C E S L A R E V E S Z
```

AGED	HOUSING	MILLET
CLAMJAMPHRIE	INSPAN	MOCORITO
CONCURRENCE	INTERRACIAL	POPULAR
COSTANOAN	IOWA	PUBLIC
FRENCH	JAPANESE	RAGABASH
FROIDEUR	KITANEMUK	SECLUDE
GENUINE	LITERATI	SEVERAL
GUAICURU	MANNER	
HERD	MAYAN	

Puzzle #21

ESTATE PLANNING

```
M R H S A R B C R O N O D C L
I G M A D C E L A Z Y T S A H
N M E S M Y H V A R X K C S H
V F I X I N G E A M E I B U N
E C T O N T R S E Y E L H A P
N C F R I D A U E K O C E L O
T X B E S C A R E I Y R H S I
O D J C T T T E O N S O D W S
R J P E E B D X H P G I P O J
Y A E G R A L N E E R I N Q X
I N T E R D I C T X L O E O I
L I M I T A T I O N Y B C S Z
N O I T A T I D E M C S M Z C
E D U T I V R E S H G K U U L
N O I T C A R T S B U S R C H
```

ADMINISTER	ENLARGE	SEIGNEUR
AVER	FIXING	SEISIN
BLAME	HASTY	SERVITUDE
CARELESS	HUMBLEHEAD	SHRM
CASUAL	INTERDICT	SUBSTRACTION
CHEEKY	INVENTORY	
CORPORATISM	LIMITATION	
DONOR	MEDITATION	

LITERATURE

```
B D S I T Y L E D I G C O E P
B Y R C O M I C E E T A L X A
T A Z A R M G J V T A Y Y P T
D S G A B U D L O J O T I L R
H U I A N B E E U S P J H I I
M L E T T L T R T U R N C P
E Y D S A E I E A E M T S A A
G V P Z P R L N R R N K F T S
Y F G Q D C A L I E E N D E S
G N I N N E K P E S K T A N I
M O V E M E N T M N M A T M A
M S I L A E R K N O O Y E I N
C I T A M E H C S W C Z L P L
M S I C I T S I R T A P K Z S
S C H O L A R S E M I O S I S
```

BAGATELLE	EXPLICATE	PATRISTICISM
BYZANTINISM	GIDE	PSEUD
COMIC	KENNING	REALISM
COMPARATIST	LATE	SCHEMATIC
DEATH	LITTERATEUR	SCHOLAR
DEVOUR	MANNERED	SEMIOSIS
DRABBLE	MOVEMENT	SPEAKER
ELYTIS	PATRIPASSIAN	TURN

CLOUD

```
T  C  C  D  T  L  E  D  M  Q  X  R  O  P  G
U  L  O  U  E  F  L  Z  I  U  L  J  V  U  F
C  O  V  R  M  N  I  A  A  R  D  V  E  F  C
A  U  E  F  E  U  I  R  B  H  U  D  R  F  B
N  D  R  Z  O  G  L  A  D  E  L  L  L  L  E
A  I  P  F  E  O  N  I  B  W  R  O  A  E  F
Q  N  T  F  I  R  P  E  F  L  O  I  Y  T  U
H  G  S  P  E  C  K  T  S  O  E  D  F  Q  R
I  N  D  I  C  A  T  O  R  S  R  A  A  G  Q
N  E  P  H  O  L  O  G  Y  E  E  M  B  H  H
N  O  C  T  I  L  U  C  E  N  T  M  P  U  S
U  N  D  E  R  C  A  S  T  W  C  S  B  A  T
T  U  O  E  T  I  H  W  L  Q  I  B  I  U  B
E  P  W  E  W  F  I  Y  G  S  F  S  H  W  E
N  O  M  Y  Y  F  Z  O  V  S  R  E  P  N  T
```

CLOUDING	MESSENGER	SPECK
COVER	MUDDLE	TUBA
CUMULIFORM	NEPHOLOGY	TUCANA
DENIABLE	NOCTILUCENT	TWISTER
DRIFT	OVERLAY	UNDERCAST
FIREBALL	POOF	WHITEOUT
HAZE	PUFFLET	WISP
INDICATOR	RIFT	
LURID	SHADOW	

Puzzle #24

PARTY

B R A C Q U I E S C E N C E O
T A A T G H A R D E E N O O B
T N A T U A E G N I R F M U L
F C A T Z O L I Z L N M M T I
U A E M H W K A X I H W I S G
S C C L I I T O W D A S S I O
H V R T E A S N O H G A S D R
R I A A I S L M E C J X A E Q
X E M K L O E C D M H K R R R
C T D S F U N D R A I S E R A
J A T A E A G F W E S R W C O
V Y R F E L D E X H D U R M V
H I G M U L F X R H Q N O E F
T N A T I L I M U L A C A K M
Y X O D O H T R O V W T W P Y

ACQUIESCENCE	FRINGE	OBLIGOR
BAATHISM	FUNDRAISER	ORTHODOXY
CEILIDH	GALA	OUTSIDER
CLAIMANT	HARD	PANDER
COMMISSAR	HIMSELF	RATZ
COOKOUT	LEADER	REGULAR
DESELECT	MERRIMENT	
FACTION	MILITANT	

COOKING

```
N U J A C P A R M E S A N B C
B A K D E U H O O D L C L A A
E R E C I G P V S Q A O E C D
K S O L A S D F U R T R E O I
R C C C C H H E U R K I K N L
G O A U H A S I R L E A O S L
P N A B L E W K S D F N U Y A
B M O S T E T A O O X D M S C
W P E Y T A N T T O M E I Y V
T Z K E N B F T E M C R F F T
E R A W D R A H P A T T Y M L
Q S I N I C R O P P X V S D T
I H I Q W J W I B L Q R R V D
E U I G S A L A M A N D E R E
N A M Y R T L U O P F S P P O
```

BACON	DREDGE	PATTY
BROCHETTE	ESCULENT	PORCINI
CADILLAC	FATBACK	POULTRYMAN
CAJUN	HARDWARE	ROAST
CLEAN	HOOD	SALAMANDER
COOKSHACK	LATKE	SHISO
CORIANDER	LEEK	TAWA
CUPFUL	MIRRNYONG	
DISH	PARMESAN	

Puzzle #26

GOLD

A	L	L	I	R	A	B	P	N	G	L	O	B	E	D
S	L	R	U	P	K	G	N	O	O	R	I	N	G	U
O	T	K	I	N	C	O	B	A	L	L	O	F	U	C
S	N	E	T	A	H	L	F	R	B	L	B	W	R	T
T	H	H	N	D	O	D	R	T	E	O	A	O	B	I
E	S	A	X	O	L	W	N	E	G	K	U	C	D	L
N	Y	N	B	Y	V	O	C	I	D	A	C	K	Z	E
S	L	M	S	I	H	R	G	A	N	I	R	O	Q	U
O	V	K	R	I	L	K	E	E	Q	A	P	I	R	L
R	A	P	Y	N	F	I	A	H	L	G	T	S	G	S
I	N	O	I	B	W	N	M	P	C	A	B	L	K	N
U	I	W	X	U	D	G	C	E	H	G	P	B	U	X
M	T	E	X	B	G	S	E	I	N	O	O	T	N	S
G	E	X	N	O	I	T	A	Z	I	T	E	N	O	M
E	T	I	N	N	A	M	H	T	U	M	A	A	F	C

BARILLA	KINCOB	RING
CALLOP	KOFTGARI	ROCKER
CHERVONETS	MONETIZATION	SPIDER
DOBLON	MUTHMANNITE	SULTANIN
DUCTILE	OBAN	SYLVANITE
GLOBE	OSTENSORIUM	TOONIE
GOLDWORKINGS	PALEGOLD	
HABILIMENT	PURL	

PHOTOGRAPHY

```
G  R  R  Y  E  C  M  E  T  O  L  O  D  I  R
E  A  U  O  T  T  Y  O  T  O  H  P  U  N  A
C  L  T  O  T  S  T  A  F  O  O  R  P  T  Y
M  I  U  N  L  A  A  E  N  T  O  K  L  E  O
T  O  H  C  O  O  T  R  V  F  H  H  I  N  M
R  H  N  P  I  S  C  U  T  U  N  R  C  S  E
O  W  X  O  A  T  E  L  M  N  C  V  A  I  T
U  C  V  P  C  R  N  T  K  M  O  I  T  F  E
G  Y  D  D  N  L  G  E  I  V  O  C  E  I  R
H  E  K  W  I  Q  E  O  L  K  I  C  D  E  E
P  A  N  O  T  Y  P  E  M  G  A  W  M  R  K
U  U  T  Q  L  O  X  O  D  O  G  R  A  P  H
P  A  M  O  T  O  H  P  M  F  L  G  A  F  E
C  T  T  S  I  L  A  R  U  T  A  N  Q  P  H
T  N  I  R  P  O  T  O  H  P  Z  P  U  G  P
```

COLOUR	LOMOGRAPHIC	PHOTOMAP
COMMUTATOR	LOXODOGRAPH	PHOTOPRINT
CONTRASTY	METOL	PROOF
CUVETTE	MONOCLE	RAYOMETER
CYAN	NATURALISTIC	SONTAG
DUPLICATE	PANOTYPE	TROUGH
INTENSIFIER	PARAKITE	
LENTICULE	PHOTO	

Puzzle #28

PIANO LESSONS

```
C A M P I O N E I T A S G F J
A C C O M P A N I S T I I A O
R A U T O P I A N O Y Q V I A
E E E E I E K T P M R F E R N
N S N N T O R N H N Y V I Y N
O R P N T U N U U I M O S D A
V A E A I E P E T L N K C V E
A G G O L G R M R C P K H I W
C T R S O E E T I F E R O R T
H I V B E X V B A X V L O G I
O M R E C I T A T I O N L I L
R E S E M I T O N E N D W N I
D P I A N O F O R T E E O A V
R O T I T E P E R Z X G R L L
E L K N I T M I H L S N K S A
```

ACCOMPANIST	GIVE	REPETITOR
ACTIONER	IMPUTE	SATIE
AUTOPIANO	JOANNA	SCHOOLWORK
BEGINNER	LECTURE	SEMITONE
CAMPION	NOVACHORD	THIN
EDIFY	PIANOFORTE	TINKLE
ELAPSE	PLUNK	VIRGINALS
ENTERTAINER	RAGTIME	
FAIRY	RECITATION	

SCIENCE

```
N  A  R  M  I  T  Z  C  C  A  U  W  L  R  H
D  A  L  I  T  E  C  A  R  D  I  O  L  G  Y
D  O  R  A  Y  I  U  B  I  O  G  F  X  N  D
G  I  M  T  B  P  W  B  M  L  U  X  I  R  R
R  M  P  A  R  A  K  A  I  U  Y  T  B  I  A
L  Y  E  L  I  O  C  L  N  A  G  C  E  O  U
Q  F  V  R  O  N  F  A  O  B  P  S  D  R  L
Y  G  O  L  O  M  O  N  L  E  K  O  V  N  I
K  A  B  B  A  L  A  H  O  F  N  Q  O  F  C
Y  G  O  L  O  E  G  C  G  K  E  J  W  N  Y
E  N  I  C  I  D  E  M  Y  C  S  A  U  X  T
Y  G  O  L  O  T  A  M  M  A  R  G  O  Q  A
A  I  E  O  P  O  L  E  M  N  S  I  X  T  N
S  C  I  R  T  E  M  O  N  C  O  L  O  G  Y
M  O  R  P  H  O  L  O  G  I  S  T  H  O  W
```

CABALA	GRAMMATOLOGY	NOMOLOGY
CABBALA	HYDRAULIC	ONCOLOGY
CARDIOLGY	INVOKE	ROUTER
CRIMINOLOGY	KABBALAH	
DIPLOMACY	MEDICINE	
DOMAIN	MELOPOEIA	
FORTRAN	METRICS	
GEOLOGY	MORPHOLOGIST	

PHOTO EDITING

```
P  O  H  S  O  T  O  H  P  S  H  A  R  P  F
E  E  N  O  I  T  P  A  C  A  T  C  H  A  E
C  R  N  D  E  M  E  N  D  S  H  O  R  T  A
D  L  U  O  O  G  N  I  V  A  R  G  N  E  T
E  N  A  T  G  C  P  F  S  M  S  Y  S  P  U
G  E  U  P  R  Y  U  H  L  O  T  G  N  R  R
E  N  U  O  B  E  B  S  O  N  Y  C  A  O  E
R  T  I  Q  R  O  P  T  O  T  W  E  P  C  D
C  E  O  P  R  G  A  A  S  A  O  U  C  E  V
P  G  I  U  A  A  E  R  K  G  P  C  H  S  C
K  Z  F  S  Q  C  M  R  D  E  P  H  A  S  L
S  L  U  G  S  I  S  I  O  V  V  O  T  L  K
O  X  V  O  S  U  P  T  R  F  E  R  C  X  L
L  N  A  T  A  R  E  J  U  T  I  L  I  T  Y
U  N  D  E  R  C  U  T  S  N  N  W  V  Q  R
```

APERTURE	FOREGROUND	SHARP
BYGONE	MARQUEE	SHORT
CAPTION	MONTAGE	SLUG
CATCH	NUTSCAPING	SNAPCHAT
CLAPBOARD	PHOTOCALL	TRIM
DOCUSOAP	PHOTOSHOP	UNDERCUT
EMEND	PIQUOTE	UTILITY
ENGRAVING	PROCESS	
FEATURED	REISSUE	

Puzzle #31

FRIENDSHIP BRACELETS

```
A  F  F  E  C  T  D  N  O  B  B  C  M  R  S
T  P  D  D  S  H  I  P  Y  R  R  A  A  E  E
R  C  P  E  E  N  R  Z  K  E  O  L  K  P  V
Y  E  A  R  A  V  R  B  W  A  M  U  E  U  E
M  R  D  R  A  R  O  U  X  K  A  M  N  L  R
T  J  A  N  T  I  R  T  P  L  N  E  E  S  E
J  M  A  L  E  N  S  V  I  S  C  T  C  E  W
W  A  R  M  O  G  O  E  H  O  E  A  E  C  K
W  N  S  L  H  T  N  C  E  T  N  P  S  I  W
C  I  R  B  A  F  S  E  K  R  E  T  S  I  S
S  H  O  D  O  O  H  I  L  D  N  E  I  R  F
E  M  O  C  L  E  W  B  P  U  G  R  T  H  O
S  K  A  E  R  B  T  R  A  E  H  F  U  Y  N
S  U  O  I  N  O  M  R  A  H  K  S  D  Q  L
P  O  S  S  E  S  S  I  O  N  B  J  E  S  J
```

AFFECT	ENGENDER	REPULSE
APPRAISE	EPISTOLARY	SEVER
BOND	FABRIC	SHIP
BREAK	FRIENDLIHOOD	SISTER
BROMANCE	HARMONIOUS	SPURN
CALUMET	HEARTBREAK	WARM
CONTRACT	MAKE	WELCOME
DEAR	NECESSITUDE	
DEVOTION	POSSESSION	

WEATHER

A	R	E	D	L	U	O	B	C	B	D	I	F	F	Y
Y	N	L	O	W	E	R	Y	O	E	E	M	V	B	D
E	P	T	A	Y	O	Z	U	O	A	S	T	I	H	H
D	T	P	I	M	K	E	H	L	U	E	A	M	L	F
V	I	A	O	F	S	R	T	U	T	R	I	I	X	D
V	O	V	R	H	R	I	A	A	I	T	N	M	Z	M
J	N	N	E	D	C	E	D	P	F	S	T	P	W	P
B	T	X	X	R	Y	O	E	I	U	P	R	N	X	Z
S	D	P	W	F	G	H	M	Z	L	A	Y	U	V	H
D	R	U	M	L	Y	E	E	T	E	L	T	R	O	P
N	O	S	A	E	S	O	N	D	J	K	H	W	S	D
S	E	T	T	L	E	D	E	C	B	O	C	T	C	R
V	O	F	X	X	L	A	M	R	E	H	T	O	S	I
P	R	O	G	N	O	S	I	S	P	W	N	U	V	E
R	E	T	L	E	H	S	U	M	B	R	E	L	L	A

ANTIFREEZE	DIVERGENCE	PROGNOSIS
BEAUTIFUL	DRUMLY	SEASON
BOULDER	IFFY	SETTLED
CHOPPY	ISOTHERMAL	SHELTER
COOL	LOWERY	TAINT
DEHYDRATE	MILD	UMBRELLA
DESERT	PARKY	
DISMAL	PORTLET	

JEWELRY

```
E A M U L E T F A B V K V E P
B T J C O U L O M B A L Z L I
G U T E N R A G E H P N Y E P
R O L E W J U E T A A C D G I
J E L L R E M I H K W I H A N
L Q A D I G L U Y C P Q R N G
X O Z L E O I S S X U M P C P
G N O R P N N A T C Y O O E L
E V I T A R O C E D Z N L H A
J E W E L R Y M U G G E R L T
Y T L E V O N D E C R E I P I
P R O T E C T P U N C H X K N
R U T H E N I U M Y M R G W U
Y R E P M U R T V E U T O C M
L T L O B G W F I G K H O I E
```

AIGRETTE	GOLDEN	PLATINUM
AMETHYST	HAIR	PRONG
AMULET	JEWEL	PROTECT
BAND	JEWELRY	PUNCH
BULLION	LOUCHE	REAL
COULOMB	MUGGER	RUTHENIUM
DECORATIVE	NOVELTY	TRUMPERY
ELEGANCE	PIERCED	
GARNET	PIPING	

Puzzle #34

PIZZA

W R D K B Q D R E T E M A I D
Y O U A L A E I E N O U G H M
Z L H E M M L N S G L O B S O
F M R C S N A S O T H E A T N
A P G I D S Y R T B E E G A D
S T N U A J I S G O O N E T O
O W T U N F E O U H P D D E G
E S I W E K I L N P E P Y M M
A I R E Z Z I P U N R R I E E
A L L E R A Z Z O M O E I N P
R E N O U N C E N Y K C M T G
T U O E K A T U M A I O U E A
V I S I T A T I O N G F G I K
H B X F G H F G U Z V E Q T V
R T G V V I J R E S Z N V N C

CHOW	HEAT	SLAB
CONNOISSEUR	JAUNT	STATEMENT
DAMN	LIKEWISE	SUPREME
DELAY	MARGHERITA	TAKEOUT
DIAMETER	MONDO	TOPPING
DISTEND	MOZZARELLA	VEGAN
ENOUGH	NOBODY	VISITATION
FAIRLY	PIZZERIA	
GLOB	RENOUNCE	

Puzzle #35

MOM

```
T N U A C O M P E L L I N G D
D Y W R U O H I L M K P R S I
E E T O R E N E N U F F A H S
H M P I S O V S V J N E I O P
F X U L D I T I E I U A L C U
Z H L L O E D A T R T R C K T
C E M E O R R O R N V I E Y E
Z B E R E V E E T T E E N E T
N O I T A T R O H X E C P U M
I M P L O R I N G L Y P N S P
I N E S C A P A B L E W R I B
O V E R Z E A L O U S J Y E M
R E G U L A T O R Y D X G U P
R E P U L S I O N J G M W T Q
R E T I C E N C E J V J S A H
```

AUNT	HOUR	PUNITIVE
COMPELLING	IMPLORINGLY	RAIL
CONSERVE	INCENTIVE	REGULATORY
DEPLORE	INESCAPABLE	REPULSION
DISOWN	INJURE	RETICENCE
DISPUTE	LUNACY	SHOCK
EXHORTATION	OVERZEALOUS	VOLUME
HEREDITY	PERPETRATOR	

Puzzle #36

INTERNET

H I E L C I T R A Q D G H C N
T M N D E L M X B E I E Y Y F
M A G O N M I U K E G O P B Y
L P Z N I U I C Y A I C E E K
N U K X I T F R K R T A R R W
D O T C O M C D C K A C L S G
I S O M A P O E W R L H I P M
V I R A L H E O N O E E N E O
J A R G O N W E R N R B K A Q
S E R V L E T E R G O C Y K U
P H I S H I N G L I L C Y C O
R A B E D I S U R G N L E M U
R E G A N E E R C S O G O T S
J S U B S C R I P T I O N R R
T I M E O U T I B K K H G M T

ARTICLE	GEOCACHE	SCREENAGER
CLICK	GOOGLEWHACK	SERVLET
CONNECTION	GROOMING	SIDEBAR
CROWDFUND	HTML	SUBSCRIPTION
CYBERCRIME	HYPERLINK	TIMEOUT
CYBERSPEAK	IMAP	TROLL
DIGITAL	JARGON	VIRAL
DOTCOM	PEERING	
EBXML	PHISHING	

ELECTRIC BIKES

```
A E D A L B C O R D L B C C P
H M Z C E K L E B R O R O O L
R B P Z O C L O S S O O M M U
J X A E D N I A W G P U M M G
N G I S R A T V X E K G U U T
R N O I T A C R E O R H T T R
D Y N A M O G Q O D N A A A I
A M S A L P Z E U L Y M T T P
D I S C H A R G E R L L E I U
X E T A L L I R B I F E D O I
R E T P U R R E T N I W R N H
D I O N I T A L P H T A E H S
E I R E S S I T O R H X J Y G
T H U N D E R F I S H U U O C
G N I R I W T J F M Z N T J X
```

AMPERAGE	DEFIBRILLATE	PLUG
BLADE	DEVICE	ROTISSERIE
BLOWER	DISCHARGER	SHEATH
BROUGHAM	DYNAMO	SIGN
CATION	INTERRUPTER	THUNDERFISH
COMMUTATE	KLAXON	TRIP
COMMUTATION	LOOP	WIRING
CONTROLLER	PLASMA	
CORD	PLATINOID	

MOUNTAIN

```
E  N  I  N  N  E  P  A  K  V  A  H  S  P  H
G  L  C  C  G  I  L  L  A  K  A  N  V  B  A
B  N  P  L  R  S  I  S  Z  V  L  B  E  A  F
R  Y  E  I  I  O  I  R  B  S  T  Y  D  L  T
I  S  R  T  S  M  W  Y  E  J  I  W  O  P  G
C  N  L  R  U  C  B  N  K  P  P  N  W  Y  M
K  G  O  L  E  H  R  E  V  U  O  C  N  A  V
T  O  M  I  I  B  P  S  L  N  R  O  H  I  E
I  N  T  A  T  H  G  T  N  C  T  A  I  H  H
M  D  Q  R  R  A  T  O  O  O  A  I  L  O  Z
B  O  I  A  E  T  M  O  D  R  W  N  L  K  L
E  L  B  H  L  N  I  R  O  J  R  C  N  T  G
R  A  J  T  E  G  D  L  O  F  E  E  A  I  C
E  E  R  T  D  N  U  O  R  F  G  E  N  P  P
J  C  L  Z  B  Y  H  G  T  U  D  J  B  T  I
```

ALTIPORT	GILL	ROUNDTREE
APENNINE	GLEN	SIPLE
BRICKTIMBER	GONDOLA	SNOWCAP
CLIMB	HAFT	TORRENT
CROWN	HORN	TRAM
DOGBERRY	KAZBEK	TREND
DOWNHILL	PHUTENG	VANCOUVER
FOOTHILLS	PINNACLE	
FORMATION	PSHAV	

GERMANY

A G I L S E D N U B C A G M Y
D T R U F R E R Y G A Y L H Q
Z A L D N A L S E I R F L L Y
E N R U H K I E S I N G E R Y
S C E M D C N C N I A H C M C
G C I L S W A E A G P V T A A
L R H R B T I Z G M Q N O R M
K A U W U O A G L E E A R K E
R E T B E A K D S A I R N E R
Z E U R S I M R T H S S A V A
F S K P E F N V N Y A Y D L L
Q B X C E P L F N M H F O S I
D Q J A U R P O U Z B D E W S
S E E Z O M L U W R H Z Q N M
P L U N D E R W W C T Z O C Z

ALLY	FRIESLAND	PLUNDER
BUNDESLIGA	KEUPER	SALZACH
CAMERAL	KIESINGER	SCHWEINFURT
CAMERALISM	KOBLENZ	SIEGEN
CARNAP	LUDWIGSHAFEN	TORNADO
CHAIN	MARK	WOLFSBURG
DARMSTADT	MAURICE	WUPPERTAL
ERFURT	MUCKER	

LEARN ENGLISH

```
A C O N G R E V E S U I L E D
S U T R O L L O P E I T N A B
N C B A A Y E L Y V I A O P A
F A I R N N R E T D M P B N C
I L M N E G Y R R W O L S P K
O Z I O O Y R R E F F U D A S
Q N I G L B Y E O B H C A E T
G C B N G G E G Z A Y F V E O
A F W X Q E N I T O D A H Y N
R U B O R U D A W L S Q D A E
I M P R O V I N G M U F F I N
P E L L E T E R D O C S E P I
W O R R A S U N E K O W T V B
H J M A Z N C I E Y S E W M Q
Q T M B T V U Q H Z M F W Q Q
```

ANGLOMAN	DELIUS	PESCOD
ANGREZ	DUFFER	ROBUR
ANTI	EBONICS	SARROW
ANYROAD	FLIGGED	SLOW
ASPIE	IMPROVING	TEACH
AUBREY	INQUIRE	TROLLOPE
BACKSTONE	LEER	WOKEN
CONGREVE	MUFFIN	
DAYBERRY	PELLETER	

COLLEGE SCHOLARSHIPS

```
L E L L I V R E M O S B P T R
A L A C A D E M I C A L X G U
D D E A L U M N I T E D A C S
C E M W A L U M N U S U Z L H
R O O I N K H I G H E R S P E
R E M C S A N P R O V O S T E
N E H M U S R U S U B J E C T
X I G T E G I C L V N G G A A
F M K A A N N O N F C M N V B
G E Y S N F C W N P B P F A A
R L G V D A S E R V I F O R R
R N L D Q B M F M U G N C S D
P H Y C N E D I S E R P H I E
L A P I C N I R P J N L K T R
S O P H O M O R E A L T J Y K
```

ACADEMICAL	FATHER	SERVIFOR
ADMISSION	FLUNK	SKIN
ALUMNI	HIGHER	SOMERVILLE
ALUMNUS	MANAGER	SOPHOMORE
CADET	PRESIDENCY	SUBJECT
COED	PRINCIPAL	TABARDER
COMMENCEMENT	PROVOST	VARSITY
CRANWELL	RUSHEE	

TABLE TENNIS

```
B  I  T  Y  O  B  L  L  A  B  Z  D  L  R  A
U  R  N  N  C  D  I  N  E  T  T  E  O  I  Q
F  E  E  A  E  O  E  I  G  H  T  E  E  N  D
F  M  I  T  H  M  M  S  E  V  I  F  V  G  G
E  Y  U  G  T  G  U  M  G  I  M  E  L  G  T
T  Y  R  I  H  U  F  G  O  K  I  L  L  I  E
O  E  O  E  N  T  B  A  R  N  H  N  S  T  N
C  G  N  B  L  I  H  N  Z  A  O  E  P  R  N
Y  A  N  O  W  L  E  J  E  K  V  M  P  X  I
J  I  T  O  L  O  A  T  R  E  S  T  L  E  S
K  Z  V  R  M  L  L  G  S  B  T  I  I  E  Y
G  O  Z  H  Q  Q  A  F  I  N  A  R  G  Y  E
W  T  F  F  L  U  T  P  Z  N  I  C  I  T  S
Q  U  A  D  R  I  L  L  I  O  N  E  O  H  Z
T  E  C  H  N  E  T  I  U  M  O  K  U  A  T
```

AFGHANI	EIGHTEEN	MONGO
ARGUMENT	EIGHTH	PALLONE
BALLBOY	EINSTEINIUM	QUADRILLION
BUFFET	FIVES	RINGGIT
BUTTER	GALLERY	TECHNETIUM
COMMON	GIMEL	TENNISY
DINETTE	KILL	THIRTEEN
DONG	LOWBOY	TRESTLE

HOSPITAL

```
M  S  I  C  I  T  I  R  B  A  G  C  S  U  L
S  D  R  A  W  E  L  Q  V  C  O  A  W  N  A
P  U  Z  M  M  R  C  E  M  U  O  M  I  I  Z
I  N  C  P  R  M  E  I  R  T  D  P  V  T  A
T  N  O  H  A  R  W  C  P  E  W  U  E  X  R
A  D  M  I  S  S  I  O  N  S  H  S  L  E  E
L  Z  M  T  T  E  L  R  D  A  O  T  R  S  T
H  D  I  H  N  A  A  A  E  N  L  H  O  M  T
O  T  T  E  X  E  V  R  T  T  E  U  Y  R  E
U  F  M  A  Q  V  M  A  M  R  T  V  B  M  B
S  J  E  T  T  T  L  W  R  A  I  I  S  M  J
E  A  N  E  G  X  M  E  O  G  R  N  L  T  A
C  Z  T  R  A  N  C  Y  J  D  G  K  E  T  L
N  O  I  T  A  D  N  U  O  F  N  A  Z  P  C
Y  N  N  H  O  J  R  A  L  U  G  E  R  P  T
```

ACUTE	COMMITMENT	LATRINE
ADMISSIONS	EARMARK	LAZARETTE
AGGRAVATION	ENDOW	LITTER
AMBULANCE	ENDOWMENT	REGULAR
AMPHITHEATER	FOUNDATION	SPITALHOUSE
BRITICISM	GOOD	SWIVEL
BROTHER	HOSPICE	UNIT
CAMPUS	JOHNNY	WARD

SOLDIER

```
E H C O B D G U E S C L I N F
M D R U M S E I T U R B I D E
R I U H V A D V S E V E R U S
C E E O N M R R E C N A L D Y
E I T H R M A P A R T I Z A N
N Z T U R Y G K K G E C Y Q C
N A I A O E O B I V O U A C A
T A M L T C N S P R D D X A T
B L M T I I C N D N A M M O C
N D T N O B O A A N P L X X I
T C Z S W O O N F M C H A E S
C U O H S O F M A N S L O T O
J Z W F C B G M E K V T E T D
R E I D A N E R G D L E U K S
T A O C Y E R G P R I V A T E
```

ACCOUTER	DRUM	MANNERHEIM
BIVOUAC	FOOTMAN	MANSLOT
BOCHE	GOWNMAN	PARTIZAN
CITATION	GRENADIER	PRIVATE
COMMAND	GREYCOAT	SAMMY
DEMOBILIZE	GUESCLIN	SEVERUS
DEVEREUX	ITURBIDE	
DRAGON	LANCER	

ANT

```
A  S  I  U  G  U  M  A  R  B  E  A  R  T  T
M  D  U  T  E  G  N  I  R  A  E  B  Q  B  F
A  C  O  G  N  R  H  B  E  V  E  R  B  R  Z
Z  J  A  P  R  A  O  E  V  A  P  B  Q  A  X
O  Z  P  S  O  A  L  B  D  R  E  L  T  I  W
N  C  I  F  T  R  E  I  S  C  O  L  O  N  Y
Q  M  U  I  R  E  H  T  A  G  E  M  F  W  A
D  U  L  O  S  I  S  T  T  S  D  H  O  O  T
N  I  L  O  G  N  A  P  R  P  S  N  R  R  H
F  O  R  M  I  C  I  N  E  A  J  A  M  M  A
M  U  I  R  O  T  A  D  U  X  E  O  I  D  L
N  A  R  E  T  P  O  N  E  M  Y  H  C  R  L
M  O  N  O  T  R  E  M  E  O  I  Z  A  L  I
S  U  O  M  O  D  Y  L  O  P  S  F  T  H  U
N  E  E  U  Q  W  O  R  K  E  R  B  E  V  M
```

AMAZON	BRAINWORM	MEGATHERIUM
AMUGUIS	BREVE	MONOTREME
ANTBEAR	CASTE	PANGOLIN
ARGUS	COLONY	POLYDOMOUS
ARTHROPOD	DULOSIS	QUEEN
ASSAILANT	EXUDATORIUM	THALLIUM
BEAR	FORMICATE	WORKER
BEARING	FORMICINE	
BORE	HYMENOPTERAN	

Puzzle #46

MAGIC

D	T	H	T	S	I	T	P	E	D	A	W	A	N	D
I	L	A	T	R	A	E	P	P	A	E	S	D	M	G
A	F	I	O	O	A	S	S	E	E	L	B	P	G	F
B	F	A	H	I	H	R	P	I	Z	L	I	U	N	U
L	J	A	I	N	S	T	X	J	C	Y	N	G	N	L
E	U	N	S	R	U	M	H	T	J	R	D	Y	I	K
R	G	N	O	C	Y	R	K	C	G	N	O	M	E	S
I	G	S	A	I	I	T	B	L	Z	P	B	X	E	P
E	L	P	V	I	T	N	A	K	I	T	C	H	E	N
S	E	F	A	V	G	A	A	L	P	O	W	W	O	W
T	A	N	T	R	A	A	T	T	E	W	I	T	C	H
K	B	C	I	V	Z	B	M	I	I	F	Q	U	D	G
S	P	E	L	L	W	O	R	K	V	O	F	H	M	L
K	N	A	B	E	T	N	U	O	M	E	N	B	U	R
T	H	A	U	M	A	T	U	R	G	Y	L	U	O	C

ADEPTIST	FASCINATION	SIGIL
APPEAR	GNOME	SPELLWORK
BRUNHILD	JUGGLE	TANTRA
DEBUNK	KITCHEN	TAOISM
DIABLERIE	LEVITATION	THAUMATURGY
EXORCISE	MAGIAN	THOTH
FAIRY	MOUNTEBANK	WAND
FAIRYTALE	POWWOW	WITCH

BIRD

E L L I B D D A W A R C O R M
E I R L R U O I G N I L R O G
A E R B I E L O V N L O O M H
U B W E A B K B R R I Q B X O
T P W E A X T C U B O T O F R
E M U L P E D A U L B C O A N
A E R R U M M Q L S L U W C B
C N U X E Y A P H F T T I E I
G N A C L E G D F U B A U T L
F K M C S W G M A R A B O U L
B D F C A A I E L O I R O G C
Y N A Z S J E T O L A D R A P
Q U I L L W O R K S Y R I N X
R A I L B I R D M S G C T C Z
S C A P U L A R I Q A Z T O G

AERIE	FLATBILL	MURRE
BILL	GOATSUCKER	ORIOLE
BROOD	GORLIN	PARDALOTE
BULBUL	HORNBILL	PEWEE
CORVID	JACANA	QUILLWORK
COTINGA	LOOM	RAILBIRD
CRAW	MAGGIE	SCAPULAR
DEPLUME	MARABOU	SYRINX

CAT

H M E A E E C A R E X C G D K
E A S T L R L F I L M A A E I
N L L A A S E B O T L R S T T
Z T I D H N O H A U R E P E T
E E O P A C I E W D S S O R E
P S N I D O M M L Y D S M M N
S E W A E M L P O Z N I A I I
C A T B O A T U I B Z A B N S
A T I P S M W S V H A U X E H
N O A E J E O S H I W K M R Z
N S I S A I R A C O X O T Y Q
E Z N M I J L K Y U H Q O Q M
R O S C A A D Q I X S Z S A A
Z C G J O V Q X F R P A E E B
N R Q M Q Y C B B R D G U N T

ABOMINATE	FILM	MUZZLE
ALSO	FOUSSA	PUSS
ANYWHERE	GASP	SCANNER
BIDDABLE	HENZE	SPIT
CARE	KITTENISH	TOXOCARIASIS
CARESS	LION	WHIP
CATBOAT	LOAD	WORLD
CHASM	MALTESE	
DETERMINER	MEAW	

Puzzle #49

EXERCISE

Y E K A I S E R C F T R I G K
M H H N B D H S O R P H I U C
D S P T I F W K N E E E G N D
D I I O A P T I S E D V T I G
T H S T R E S L T W P A T S L
E N D P O T R L R R R O R L K
P U S H U P A B U I O R A A W
R E G Y V T S K E T L V M V P
L Y C E U M A E F I U O P U W
A F R K C L E T D N S L O L E
S A L U T A R Y I G I I L G A
E L D D A R T S F O O T I U R
E C N E G I L L E T N I N S I
R E S T O R A T I V E O E Y S
K C I T S E L G N I S N E B W

ATROPHY   LYCEUM   SPIN
BREATHE   PARADE   STEP
CONSTRUE   PROLUSION   STRADDLE
DESPOTISM   PUSHUP   TRAMPOLINE
DISPUTATION   RESTORATIVE   VOLITION
FREEWRITING   RING   VULGUS
INTELLIGENCE   SALUTARY   WEAR
KAISER   SINGLESTICK
LIGHT   SKILL

CHILDREN

M U R I L L O E B L O O D Z C
F D L I W H T B V C E D P D H
W R R I T K C K M I R W Y A A
T N E D E C E T N A T O O T R
P I P T E G O C A R T P S B M
M U S K I D F L I C K I O S X
I P O S P L A Y G R O U P D J
S E M R U E L I R E U P S D A
O K U U C E Q U I N T B Q H D
P K C G P T R U A N C Y U K M
E C C A O N W J N R N F A U D
D T S O S R M Y V K J S B G R
I L T V T G N I G N I R B P U
S C M X F S H F W V W Y L Y O
T Z L T V V G B P M K R E A Q

ADOPTIVE	GOCART	ROGUE
ANTECEDENT	ISSUE	SACK
BLOOD	KIDFLICK	SQUABBLE
BOWEL	MISOPEDIST	STOCK
CATCH	MURILLO	TRUANCY
CHARM	PLAYGROUP	UPBRINGING
CROSS	PUERILE	WILD
CROUP	PUMP	
FRET	QUINT	

SOUP

A E B O R S H C H B M A L C K
E N U D A S H I V R R A N R A
E L A Q P O T A G E E R E B L
S R O L S D N U H A D O V R E
K O U R O I P I O D U U Z S C
A A U B E G B U H S C X A M X
G N E P R S G R A T E F U L W
T S S T Y A S G N I L P M U D
I N I N S H G A H C H W P Z U
T N E L U C S E C K A U Y K E
Q V D G E N E L I R D A M C M
N I Z A I E G A T T O P E R J
O Q I G U D S O U P B O N E V
W O N T O N N S W I F T L E T
U A C X B W M I K R O A K T W

ANALOG	ESCULENT	ROUX
BISQUE	GARBURE	SOUPBONE
BORSHCH	GRATEFUL	SOUPY
BREADSTICK	INDIGENT	STEAK
CASSEROLE	KALE	SWIFTLET
CLAM	MADRILENE	THIN
CREAM	POTAGE	WONTON
DASHI	POTTAGE	
DUMPLING	REDUCE	

PUZZLE

```
E  L  F  F  A  B  U  N  Y  A  D  I  Z  Z  F
R  E  S  A  E  T  N  I  A  R  B  O  T  S  F
C  A  T  C  H  Y  E  N  O  D  E  O  I  H  P
E  O  M  H  T  I  R  A  T  P  Y  R  C  N  J
O  X  N  A  P  Y  M  Y  T  S  A  N  E  P  G
E  R  P  N  R  I  L  Y  R  R  A  W  S  O  R
T  S  U  L  E  G  R  L  S  E  A  Z  K  S  E
T  I  O  K  I  C  O  G  A  T  E  C  E  I  S
E  S  W  P  A  C  T  G  O  T  I  U  K  N  O
T  L  I  E  I  K  A  H  O  G  N  F  Q  G  L
L  T  D  L  L  D  X  T  L  L  O  E  Y  L  U
A  W  I  D  Z  Z  J  P  E  R  P  L  M  Y  T
Q  E  Y  G  I  Z  Z  T  A  N  G  R  A  M  I
M  T  H  K  T  R  U  U  W  R  K  Z  G  G  O
R  R  N  D  K  P  G  P  P  G  G  Z  H  M  N
```

BAFFLE	EXPLICATE	PUZZLEWIT
BRAINTEASER	KAKURO	PUZZLIST
BUNYA	LOGOGRAM	QUEER
CATCHY	LOGOGRIPH	RESOLUTION
CONNECT	MENTALLY	RIDDLE
CRYPTARITHM	MYSTIFY	TANGRAM
DIZZ	NASTY	TRACK
DOING	POSE	
DONE	POSINGLY	

BEAUTIFUL SCENERY

```
D E G A Z E B O R C C K A M A
T E P K O P E R A A H U R Q A
B E I O I O U F H R R O P A E
H S O T I T G W V N Y N I P L
T C U P U L S F P A S O C R S
L O A T D A L C H T O M T O T
A U S E I E E A H I P A U T A
O K F U P R T B C O R T R H R
R Q P E O R T O S N A O E A L
C O I N C I D E N T S M L L E
J T W T X A C E D A E A U A T
H I B E M A R A H T T N B M G
N R E T T A P G R Y Z I N I N
L Y R E B I R D E G O A O O O
Y N O T O N O M Y T V F O N W
```

BEAUTIED	GRACEFUL	OPERA
CALLIOPE	GRACIOUS	PATTERN
CARNATION	KAMA	PEACH
CHRYSOPRASE	KITSCH	PICTURE
COINCIDENT	LARK	POET
DETONATION	LYREBIRD	PROTHALAMION
DETRITUS	MONOTONY	STARLET
GAZEBO	ONOMATOMANIA	

BASKETBALL

```
B  D  R  I  B  C  H  C  T  A  C  T  G  F  E
E  Y  C  H  W  A  R  Q  O  G  R  F  F  H  C
S  N  G  P  V  G  E  E  U  Q  A  L  L  E  V
T  D  O  O  E  E  J  L  T  Y  M  O  T  S  D
S  U  I  I  L  R  I  R  B  N  P  P  W  I  R
S  U  G  S  S  O  T  R  E  B  E  S  E  T  E
O  C  O  D  C  R  T  E  E  P  I  C  F  A  V
C  U  P  I  N  E  E  E  E  B  M  R  M  T  E
H  R  V  J  N  R  R  V  K  R  O  U  D  E  R
U  C  G  W  T  O  Y  N  N  C  E  U  J  A  S
I  L  L  H  R  I  M  H  I  O  A  F  N  K  E
N  O  S  N  H  O  J  R  P  B  C  R  E  D  X
S  D  N  U  O  B  N  I  A  L  L  A  B  R  P
N  O  I  T  I  S  O  P  J  H  R  E  W  W  W
E  L  B  A  R  T  E  N  E  P  H  U  X  Q  P
```

BEST	DEFT	JOHNSON
BIRD	DISCERNIBLE	JUMPER
BRACKETOLOGY	DRIBBLE	PENETRABLE
CAGER	FLOP	POSITION
CATCH	HARMONIOUS	REBOUND
CENTER	HESITATE	REFEREE
CONVERSION	INBOUNDS	REVERSE
CRAMP	JITTERY	

SILENT MOVIES

```
G E D N O L B C Y R A E R D D
E I P E V I T A R A P M O C I
D V S O K M A A M Y J A F I R
W A O H C I A C I H P A R G T
D A E R P S T L B W Q T D Y Y
N N L T P R A S L M U M P S S
W D A T S P O M C K P Q T F C
Z Z E T U N A F E H T O O S U
B A M U S O I S A N L V J N T
E C N E L I S D I N I O S H T
D E T N A H C N E D I C C Q L
O B J E C T I F Y O C T A K E
R O T C E J O R P V U W Y X A
T N E L O I V X P H V C Z H Q
V I S I B I L I T Y J Q X J Y
```

BLONDE	GRAPHIC	SCHLOCK
CINEMASCOPE	INSTEAD	SCUTTLE
COMPARATIVE	KITSCH	SILENCE
CRYPT	MALL	SOOTHE
DIRTY	MUMPS	STAND
DISAPPROVE	OBJECTIFY	VIOLENT
DREARY	OUTLAW	VISIBILITY
ENCHANTED	PROFANITY	
GISH	PROJECTOR	

MODEL TRAINS

```
W  A  H  S  D  A  R  B  S  E  V  E  E  J  B
O  A  T  H  L  E  T  I  C  S  T  E  E  L  F
Y  L  R  I  N  O  I  T  A  N  I  B  M  O  C
H  L  L  A  S  D  O  L  L  Y  H  E  A  D  T
E  N  D  O  L  O  A  D  S  T  A  R  L  Q  E
L  P  A  D  P  P  E  Z  A  M  N  A  V  Y  R
I  A  O  M  U  A  M  E  S  O  P  T  I  R  M
O  R  C  I  S  C  H  E  O  Z  E  F  C  Q  I
C  B  E  O  N  T  K  C  X  V  B  R  T  W  N
E  G  R  T  L  T  N  R  T  E  F  Z  R  M  A
N  Y  S  F  T  T  I  U  O  I  C  Y  O  P  L
T  V  N  N  Z  O  Q  N  H  W  W  Y  L  I  N
R  N  B  F  V  C  P  Z  G  D  X  S  A  T  G
I  V  I  Z  R  M  M  S  D  Z  F  A  P  S  S
C  E  Z  I  L  O  B  M  Y  S  V  R  W  F  S
```

APOLLO	HELIOCENTRIC	POSE
ATHLETICS	HUNTSMAN	SITA
BRADSHAW	JEEVES	SPOTTER
COMBINATION	LOADSTAR	SWITCH
CUDDLY	LOCAL	SYMBOLIZE
DOLLYHEAD	MAZE	TERMINAL
EXEMPLAR	NAVY	VICTROLA
FLEET	POINTING	WAXWORK

SOLAR ENERGY

```
A  H  T  M  G  D  X  C  E  T  R  C  Q  G  Q
C  C  T  R  O  N  E  U  Q  C  L  C  M  U  U
T  D  T  R  A  O  I  S  E  J  A  I  Q  M  I
U  Q  E  I  A  E  N  H  I  S  P  P  W  P  D
O  Z  D  T  O  E  H  I  S  C  N  H  S  T  D
S  T  U  U  S  U  X  O  K  U  C  E  J  I  L
I  X  A  B  G  U  S  N  R  I  P  A  T  O  E
T  H  H  U  F  L  A  N  G  U  O  R  T  N  Y
Y  T  I  R  I  P  S  H  R  L  D  E  Q  E  I
H  T  G  N  E  R  T  S  X  I  S  S  R  K  N
B  H  Y  D  R  O  P  O  W  E  R  T  P  T  U
L  U  N  I  S  O  L  A  R  B  N  O  U  Z  U
R  E  T  E  M  O  I  D  A  R  U  R  H  N  J
N  S  U  P  E  R  C  H  A  R  G  E  D  B  X
T  R  A  N  S  F  O  R  M  H  K  D  T  I  X
```

ACTIOUS	HYDROPOWER	RESTORED
ACTUOSITY	INTENSE	SPACE
CUSHION	LANGUOR	SPIRIT
DESICCATE	LUNISOLAR	STRENGTH
EARTH	MOON	SUPERCHARGED
EXHAUSTED	PUSHING	TRANSFORM
GUMPTION	QUIDDLE	WILT
HEART	RADIOMETER	

POTATO

```
S  C  R  I  S  P  H  A  F  Y  R  U  O  L  F
G  U  M  O  E  W  A  S  H  A  K  G  Y  S  W
L  N  O  L  U  N  I  P  A  S  R  B  A  A  A
S  A  I  U  U  G  K  H  A  H  I  L  M  W  F
M  S  U  L  D  A  J  A  H  S  H  N  P  F  F
E  A  E  D  R  R  H  L  X  A  L  P  K  L  L
N  L  T  N  I  E  A  T  P  O  O  C  S  Y  E
P  E  B  C  E  V  G  H  U  A  R  A  C  H  E
Z  R  M  B  H  K  I  N  T  U  T  C  C  B  Y
O  G  T  I  I  S  I  D  I  W  I  E  M  I  E
O  F  D  X  G  N  T  L  N  F  P  M  N  V  N
A  E  H  Z  H  E  J  I  M  I  B  T  K  O  F
M  E  L  F  F  U  R  T  C  H  U  W  X  T  Q
S  O  L  A  N  O  I  D  V  K  R  S  Q  Z  P
R  E  T  A  E  B  O  T  O  R  N  N  J  A  O
```

ARDUOUS	HUARACHE	ROTOBEATER
ASPHALT	INDIVIDUAL	SAWFLY
CRISP	KNISH	SCOOP
FARL	LIKENESS	SOLANOID
FINGERLING	MATCHSTICK	TIPBURN
FLOURY	NIBBLE	TRUFFLE
HASH	PAPA	WAFFLE
HAULM	REGIMEN	YAMP

EVENT

B V Z C A U S E W N T C F E R
E O F E H T N E M E T I C X E
F X L C E S N I W Y R G R P V
I M P T A J I N N Z L D Q O I
F A I I D Y U N N V O T I S E
T V C S R O B N I O O D W U W
H K K B D Y G A C F V L J R C
A Z N A G A V A R T X E V E Q
F O R T U I T Y L Z U G L E Q
D E V E I R P E R E M R X T D
M S Y X O R A P L U S D E E Y
G N I N E K C I S K X S N I I
S P E L L B I N D E R Y O D L
T L O B R E D N U H T A G N W
D R A C R E D N U D D D G T E

AHEAD	FIFTH	PAROXYSM
BOLT	FINISH	REPRIEVE
CAUSE	FORTUITY	REVIEW
DREW	INVOLVED	SICKENING
EXCITEMENT	JUNCTURE	SPELLBINDER
EXPIRY	LESSON	THUNDERBOLT
EXPOSURE	MISDATE	UNDERCARD
EXTRAVAGANZA	NOVELTY	

BOAT

B	B	E	K	B	K	C	O	R	A	C	L	E	D	X
O	A	A	L	O	O	C	R	L	K	C	X	J	A	A
A	K	L	T	B	O	A	O	U	I	T	W	H	Y	T
T	P	R	L	E	A	H	T	H	I	A	H	Q	S	R
I	E	I	A	A	A	T	T	L	C	S	M	G	A	S
E	H	K	H	B	H	U	A	A	E	B	E	H	I	A
R	R	S	C	S	E	O	G	O	O	S	Q	R	L	R
S	A	O	I	A	N	D	O	D	B	B	S	W	O	D
P	Y	T	C	K	P	A	S	S	E	N	G	E	R	I
A	O	P	I	K	A	W	M	S	A	I	L	E	R	N
N	V	U	H	N	E	R	Y	S	Y	J	V	F	W	I
K	N	F	K	F	G	R	Q	Z	M	B	L	I	X	E
S	C	A	P	H	O	I	D	I	G	L	T	P	M	R
G	N	I	R	P	S	Q	E	Q	T	W	E	F	H	Z
W	A	T	C	H	B	O	A	T	K	R	I	H	A	T

BALLAHOO	DAYSAILOR	ROCKER
BATEAU	DEBARK	SAILER
BOATABLE	HELMSMANSHIP	SARDINIER
BOATHOOK	MAIL	SCAPHOID
BOATIE	PACKET	SPANK
BOATLESS	PASSENGER	SPRING
CHOCK	RAKISH	WATCHBOAT
CORACLE	RATING	
CRUISER	RIGHT	

Puzzle #61

WOLF

L E H S I F T A C E H L S W Z
Y L N S U P U L O Y U O O O O
C D E I E K A R N S N N L L Q
O J I D N N L E T E T E I V S
S Q A G N A I Q I L E N T E B
A R U C I E C P N L R E A S O
E E A I K T R X U L J G R I J
I T L V C A I B A L F E Y E F
Y B A T E K L G L W O L V E W
R J B L T N L V R H Y O M S X
C E S A U I I Y Q A Z X Q S Q
L P V I Y L H N D G D A X J Q
O A Z D I Q U W G I K E G P P
U N N A T U R A L L Y P B J S
W I T H S T A N D F K D R A J

CANINE	LONE	UNNATURALLY
CATFISH	LUPINE	WERE
CONTINUAL	LUPUS	WHITTLE
DIGITIGRADE	LYCOSA	WITHSTAND
EYSELL	QUICKLY	WOLVE
FIANTS	RAVENING	WOLVES
HUNT	RENDELL	YABBI
HUNTER	SOLITARY	
JACKAL	ULULATE	

SHIRT

```
P K E S U O L B A S I M A C D
U T I L K D V R L P I N D C I
N Y A T K H P A S O E T E R C
J N G E A N K W S X U E S M K
A W M D H B I N R Q U S K U Y
B T A G V C N R Z C C B O T K
I K N I L F F U C Y J D R N T
K U R T A T I F T U O F E Q W
T E K C A J R E B M U L V R O
E R O F A N I P G E I G E A F
L L A F T A R P K J E C A V E
P S Y C H E D E L I C R L K R
Q U A L I T A T I V E E I Y W
S L E E V E L E S S C I N O D
K C E N E L T R U T J D G A S
```

BATIK	DICKY	PSYCHEDELIC
BLOUSE	KEEP	PUNJABI
BLOUSON	KURTA	QUALITATIVE
BRAWN	KUSTI	REVEALING
CAMISA	LUMBERJACKET	SLEEVELESS
CHEAT	OUTFIT	SOIREE
CRINKLE	PINAFORE	TURTLENECK
CUFFLINK	PRATFALL	TWOFER

PACIFIC

```
A A C H I L E P K W Q D R S S
J R I S T J E V O I U I A E U
T A U N U H I E D L I C R W R
N I L T R L Y F I L L A O E M
S O R I N O I K A O L M T L U
L U T A S E F G K W F P O L L
Q I N S Y C V I A S I T N E L
H W G A R A O A L M S O G L E
M P W M R E N T N A H D A W T
V S C A T R M K U E C O N T O
H S A W I S E L O B U N G Y P
D O C M O T Y S A O I B B D Z
G E N T L E A H Z P N L C Z W
G N O R A S C K J J R S A D V
V H A R L E Q U I N P L Y H B
```

BUENAVENTURA	KODIAK	SEWELLEL
CALIFORNIA	MAGILUS	SIWASH
CHILE	NAYARIT	SNOOK
DICAMPTODON	PALMERSTON	SURMULLET
FIJI	QUILLFISH	TOMCOD
GENTLE	RAROTONGAN	WAITAKI
HALIBUT	SARONG	WILLOW
HARLEQUIN	SCAT	
JALISCO	SERRANUS	

WILD

```
B  S  U  O  R  A  B  R  A  B  D  R  A  N  K
Y  A  H  S  U  R  B  K  C  U  B  F  H  R  F
N  R  C  K  L  A  W  H  S  U  B  L  O  E  Y
M  O  R  C  D  E  B  A  U  C  H  A  P  D  S
T  U  I  E  H  O  K  A  L  E  M  G  P  E  O
Z  H  I  L  B  A  M  D  E  F  Z  G  E  L  W
S  E  G  R  E  K  N  E  E  L  R  E  R  E  L
D  U  Q  I  I  D  C  A  S  G  B  R  S  S  Y
S  T  O  O  L  L  N  A  L  T  G  A  L  S  E
V  U  P  R  G  F  E  A  L  I  I  A  P  E  R
G  R  A  Y  L  A  G  D  D  B  A  C  R  O  I
Y  G  A  H  P  O  C  Y  M  L  S  L  A  G  R
Y  C  N  A  P  U  C  C  O  E  R  P  C  T  W
R  E  C  L  A  I  M  S  H  R  I  E  K  G  E
S  E  R  A  G  L  I  O  F  O  J  H  P  B  S
```

BACCHANAL	DOMESTICATE	RAGGED
BACCHANALIA	DRANK	RECLAIM
BARBAROUS	FLAGGER	REDELESS
BLACKBERRY	FLIGHT	ROPABLE
BUCKBRUSH	GRAYLAG	SERAGLIO
BUSHWALK	HOPPER	SHRIEK
DANDELION	KALE	STOOL
DEBAUCH	MYCOPHAGY	
DELIRIUM	PREOCCUPANCY	

Puzzle #65

FITNESS MOTIVATION

```
A  B  Y  R  E  N  O  I  T  I  D  N  O  C  D
N  Y  E  F  D  T  E  G  D  U  J  P  O  O  R
I  N  C  A  I  E  I  M  Y  T  I  S  E  B  O
M  Z  K  A  T  T  R  S  O  N  I  A  R  T  C
U  I  Y  A  R  E  R  I  I  R  E  O  X  L  Z
S  A  Y  L  F  I  N  E  P  U  A  S  M  V  M
U  N  K  E  E  N  P  T  C  S  Q  L  R  S  E
T  P  I  E  C  E  R  S  Y  V  N  X  I  O  Y
K  S  I  T  I  R  O  I  N  E  S  I  E  T  W
V  H  E  A  V  E  N  H  O  O  D  V  D  F  Y
E  C  N  E  R  E  F  E  R  K  C  A  Y  Z  Y
I  N  T  E  R  N  A  L  I  S  T  J  I  G  Y
L  A  U  X  E  S  O  D  U  E  S  P  Z  L  K
E  T  A  V  I  T  O  M  E  R  F  B  X  M  K
T  R  I  M  M  I  N  G  U  T  I  L  I  T  Y
```

ANIMUS	INTERNALIST	REMOTIVATE
BEATEN	JUDGE	SENIORITIS
CERTIFY	MORALITY	TRAIN
CONDITIONER	OBESITY	TRIMMING
CONSPIRACY	POOR	UNKEEN
EXQUISITE	PSEUDOSEXUAL	UTILITY
HEAVENHOOD	RECEIPT	WORSE
INSPIRED	REFERENCE	

SCHOOL

A	M	U	E	A	N	E	H	T	A	B	C	P	T	D
G	L	I	Q	X	C	K	N	U	L	F	R	R	R	Q
G	U	S	L	A	E	T	T	D	F	K	E	E	U	Z
I	L	U	O	I	R	A	P	I	O	S	D	S	A	T
E	J	M	U	R	T	H	T	O	U	W	I	C	N	K
F	L	A	M	E	I	A	C	Z	N	Q	T	H	C	I
K	H	O	J	A	F	D	R	C	D	Y	Z	O	Y	A
T	H	I	R	D	I	T	O	Y	E	Q	G	O	Z	T
I	U	R	D	S	C	N	O	I	R	H	W	L	K	B
S	I	C	K	B	A	Y	B	P	R	O	X	E	V	U
Q	Z	Q	S	K	T	E	J	Y	P	E	T	R	Y	N
R	C	N	Y	S	E	N	I	O	R	E	P	U	X	Q
R	E	G	O	L	O	I	S	Y	H	P	R	Z	T	F
P	R	I	Z	E	G	I	V	I	N	G	Q	H	K	Q
S	C	H	O	O	L	K	E	E	P	E	R	O	F	F

AGGIE	FOUNDER	SCHOOLKEEPER
ATHENAEUM	KHOJA	SENIOR
BREAK	MILITARY	SICKBAY
CERTIFICATE	PERIOD	THIRD
CREDIT	PHYSIOLOGER	TOPPER
ENDOW	PRESCHOOLER	TRUANCY
EXEAT	PRIZEGIVING	TUTOR
FLAME	QUIT	
FLUNK	ROSLA	

GOLF

```
G  B  U  N  K  E  R  D  W  M  T  F  O  L  P
L  A  H  O  O  P  T  K  I  U  N  E  S  S  U
S  J  W  O  C  S  L  I  D  N  R  S  H  P  L
X  V  X  G  L  C  L  A  N  I  G  C  O  R  L
F  R  I  N  G  E  U  E  Y  I  D  U  O  I  S
Y  R  E  L  L  A  G  P  N  S  F  E  T  N  W
D  A  E  T  S  N  I  T  A  G  H  E  Y  G  I
P  I  L  L  T  T  U  P  U  T  G  A  D  A  P
T  H  R  E  E  S  O  M  E  R  I  O  F  K  E
T  H  G  I  R  P  U  I  L  Z  F  O  J  T  F
W  A  G  G  L  E  B  R  V  I  C  X  N  T  G
K  T  O  V  Z  O  L  O  G  W  K  V  N  T  P
E  G  X  I  J  C  A  I  D  Q  B  K  Q  K  E
E  N  B  U  V  H  I  T  S  H  S  U  M  G  T
A  K  S  C  B  C  C  S  M  C  O  Z  O  M  P
```

BUNKER	LOFT	SHOOT
DEFINITE	MUNI	SPRING
DING	NELSON	SWIPE
FESCUE	OCCUPATION	THREESOME
FRINGE	PILL	TURF
GALLERY	PLAY	UPRIGHT
GWAG	PULL	WAGGLE
HOLE	PUTT	
INSTEAD	SHAFT	

GARAGE SALES

```
K D V A P A R T M E N T A D F
O A L U S C R U S P M O C O U
J F Z O M C A E O E R A D W N
Z S F U G O R T T L E O R N C
O U X S M U V E C N O T T T T
P Y K J E N J T W H U C T U I
O I L Y R T R O H S P H U R O
Y X H U U I G A R A G E F N N
Q W T S C N S H A R E X N I A
X N F H R G M A I N T A I N L
L L A T S E R O F P L G U R Y
D I I L K N L E T A T S E R S
I I T I N E R A N C Y M C V E
S E L E C T O R E T G G B A N
G N I B R E V R Z D Y H R Z X
```

ACCOUNTING	FORESTALL	OFFSET
APARTMENT	FUNCTIONAL	OILY
CATCHPENNY	GARAGE	RESTATE
COLOUR	GOLD	SCREW
COMPS	HUNTER	SELECTOR
DARE	ITINERANCY	SHARE
DEALERSHIP	MAINTAIN	SHORT
DOWNTURN	MUZAK	VERBING

BUILDING A HOUSE

```
D  G  B  N  B  E  T  C  H  A  N  T  Y  Q  D
W  N  O  R  A  E  L  N  Y  D  E  L  V  O  P
O  M  A  D  C  M  R  T  A  R  N  C  L  A  F
S  K  T  L  H  F  O  M  T  C  E  U  A  A  Y
Y  U  R  U  E  F  I  W  D  O  O  G  O  L  W
D  E  M  O  L  I  S  H  R  K  B  R  G  R  P
R  R  T  M  W  E  Z  E  O  A  R  O  B  O  G
O  O  A  A  E  E  G  R  S  U  H  A  X  G  D
O  A  O  W  M  R  M  A  H  I  S  C  W  N  Z
K  Z  N  D  E  E  H  A  R  A  M  E  D  D  B
E  S  H  Y  T  S  S  O  R  A  R  E  B  P  S
R  K  P  E  J  U  U  U  F  C  M  R  O  F
Y  B  G  X  O  L  O  O  O  S  Z  I  U  P  Y
J  X  O  Y  U  G  N  A  H  H  E  M  V  J  S
T  N  E  M  E  L  P  M  I  J  S  P  V  Z  L
```

BACH	FRAMEWORK	PLACE
BERM	GOODWIFE	PREMISES
BOAT	GROUND	ROOKERY
BOTTLE	HOUSEBOY	SUMMERHOUSE
CANT	HOUSEMATE	VICARAGE
CHANTY	HOUSEWARD	WALL
CHARWOMAN	IMPLEMENT	WARK
DEMOLISH	LAND	
DOGGERY	OUTDOOR	

WINE MAKING

```
S  G  R  A  V  E  S  B  O  D  E  G  A  C  G
T  A  V  M  L  C  H  A  R  N  E  C  O  A  E
C  N  L  Z  H  G  W  S  U  G  N  S  T  C  N
C  L  E  E  G  N  I  T  A  O  C  H  A  C  E
M  O  A  M  S  Z  N  A  D  B  V  E  N  I  R
M  U  O  R  R  S  O  R  R  L  T  R  N  A  O
E  X  T  L  E  E  A  D  X  E  L  R  I  T  U
N  Z  J  E  E  T  T  H  G  T  O  Y  N  O  S
R  H  Y  M  E  R  Y  T  C  N  V  O  G  R  G
D  U  A  H  C  A  R  P  E  T  I  N  G  E  J
G  U  E  S  S  W  O  R  K  B  P  T  M  E  C
L  I  B  A  T  I  O  N  U  P  M  W  A  E  F
M  U  S  C  A  D  E  L  M  V  A  Z  C  E  C
O  E  N  O  P  H  I  L  I  S  T  O  Z  M  S
C  I  F  I  T  N  E  S  E  R  P  O  Q  Y  U
```

BASTARD	COATING	MUTE
BETTERMENT	COOLER	OENOPHILIST
BODEGA	GENEROUS	PRESENTIFIC
CACCIATORE	GOBLET	RHYMERY
CARPETING	GRAVES	SEATING
CHARNECO	GUESSWORK	SHERRY
CHASSELAS	LIBATION	TANNING
CLARET	MUSCADEL	WINO

Puzzle #71

CARTOON

```
E A N T A G O N I Z E B E E I
B Y A N V I L B A T M A N P R
H E E D E F L E C T G C D U A
D S M P E S I P S E D K Q R T
M A I U O D O R K T T P J E E
X B K N S P E D K O D A X S L
E L G O O E L R F P T C R P H
Q T Q K Z O D G I I B K G I M
E P O C S O T O R T Q B S M P
P E N L G E R R Y M A N D E R
E I L L U M I N A T I O N S X
E C I P I C E R P C B P V M R
P A S Q U I N A D E Q O J R X
S C A B R O U S P V L G V O I
S E N T E N T I O U S W E N Y
```

ANTAGONIZE	DORK	PIRATE
ANVIL	DOSE	POPEYE
BACKPACK	EPURE	PRECIPICE
BATMAN	GERRYMANDER	ROTOSCOPE
BEMUSED	ILLUMINATION	SCABROUS
CARTOONISH	IRATE	SENTENTIOUS
DEFLECT	OGLE	TIRED
DESPISE	PASQUINADE	

MAKING WINE

```
M A R C S O A V E L T T O P Q
G G C E T S A T R E T F A L I
Y N N T C O M M E R C I A L O
G R I I I F E C A R M S Z N V
S N O M T V R L I E R A U Q S
Y I I T O N A I L F O R P W V
R E L S A O U T Z A I N T R I
A W T E S S B B I Z T B I O N
C J U I N A N B L O A S U V I
U X L H H T R E S C N N W R F
S I U Q M W L R P Y D F T W Y
E L I T X E T Y A M U C S E S
S T R I D E N T U B O O I G E
S S E L E N U T Y M M C A C E
B J Q R A L U C A N R E P U S
```

ACTIVATION	MARC	STRIDENT
AFTERTASTE	POTTLE	SUPERNACULAR
BOOMING	RACE	SYRACUSE
BUNTING	RUBIFIC	TEXTILE
COMMERCIAL	SILENTLY	TUNELESS
COMPENSATORY	SOAVE	VINIFY
EMBARRASSING	SQUARE	VINO
FRIZZANTE	STALL	WHITE

BEAR

L E U M A S A F F O R D I K V
S E L E N A R C T O S C D Q Z
B S R C F H G E H F O S T E R
Y R E E U U S G V U R E F E R
T V E N B T Z R R O R C P A T
I O A A H G O Z A I L L C H E
A Z H E S S F V Y H E C I O O
Y K J S H T I V E V I V W S K
B L U F T I U R F R Q E E T H
E R U S O N Y C A Z B E X I Q
K C O L M E H Q H E K E O L P
I M P L I C A T E L B S N E V
M A G N A N I M I T Y W N A G
D E V E I L E R O S Z M B U P
S A X I F R A G E X Y I K J B

AFFORD	FOSTER	REFER
AGGRIEVE	FRUITFUL	RELIEVED
BEARISHNESS	FUZZY	SAMUEL
BERE	HARSH	SAXIFRAGE
BREAST	HEAVY	SELENARCTOS
CHURLISH	HEMLOCK	SHOT
CLOVER	HOSTILE	VERBENA
CUTOVER	IMPLICATE	
CYNOSURE	MAGNANIMITY	

Puzzle #74

ELEPHANT

```
N  A  I  P  O  I  H  T  E  M  O  A  W  J  H
S  T  I  B  A  H  O  C  S  E  O  H  S  T  A
L  O  Y  E  L  E  P  H  A  N  T  I  N  E  R
E  A  R  O  B  M  U  J  L  O  O  P  O  V  E
V  D  C  I  H  S  F  F  O  T  R  P  L  U  M
X  W  I  E  C  T  E  P  H  Y  T  O  I  V  S
Q  F  Q  R  F  I  O  A  Z  P  O  P  P  U  O
T  U  O  H  A  M  D  M  L  H  I  O  H  Z  X
I  V  O  R  I  E  S  A  M  L  S  T  A  E  O
K  O  O  M  K  I  E  H  E  A  E  A  N  L  Z
E  D  A  R  G  I  V  A  R  G  M  M  T  A  J
M  R  E  D  Y  H  C  A  P  K  R  U  W  S  Y
Y  R  T  N  A  E  G  A  P  R  S  S  C  N  W
E  L  B  A  L  L  Y  S  G  D  J  U  F  Y  L
N  I  P  A  R  R  E  T  E  W  H  I  T  E  H
```

COHABIT	KOOMKIE	SORICIDAE
ELEPHANTINE	MAHOUT	SYLLABLE
ETHIOPIAN	MAMMOTH	TERRAPIN
FECAL	MENOTYPHLA	TORTOISE
GRAVIGRADE	OLIPHANT	TUSK
HAREM	PACHYDERM	VUVUZELA
HIPPOPOTAMUS	PAGEANTRY	WHITE
IVORIES	RIDE	
JUMBO	SEAL	

Puzzle #75

SMARTPHONE

```
S  P  N  E  S  A  E  P  P  A  V  L  G  D  S
G  E  F  J  S  L  B  R  A  I  N  Y  N  O  M
P  N  V  E  B  O  R  E  P  P  I  L  C  L  I
T  I  I  A  L  O  P  S  T  Y  T  E  H  T  R
T  E  L  T  W  F  G  M  S  U  A  X  S  T  K
E  C  S  L  I  R  I  N  O  E  N  P  E  I  Z
S  N  E  D  I  B  I  E  I  C  N  I  E  S  W
R  T  O  L  N  F  X  A  J  G  E  T  M  R  B
S  E  U  H  L  A  V  E  G  D  A  D  A  L  P
N  R  T  S  P  E  H  Q  L  D  B  S  R  E  B
E  X  H  S  H  Y  T  P  L  E  E  R  S  U  N
D  Q  X  J  I  E  A  N  T  R  T  W  F  E  H
Q  J  U  E  S  G  C  P  I  A  F  H  T  H  M
I  N  T  E  L  L  E  C  T  U  A  L  I  S  T
S  M  A  R  T  L  Y  R  L  T  E  N  C  Z  E
```

AIRWAVES	FILLIP	REGISTER
ALOOF	HANDSET	SEXT
APPEASE	INTELLECT	SMARTLY
BITING	INTELLECTUAL	SMIRK
BRAINY	MESSAGING	STUSH
CLIPPER	MINUTE	TELEX
DECOMPOSE	NEATNESS	WISE
DOLT	PAYPHONE	
FELFIE	PREPAY	

STAMP COLLECTING

```
D  Q  N  E  G  A  L  E  R  U  B  J  N  N  I
G  N  B  G  A  G  C  E  S  S  P  I  T  Q  M
E  N  A  H  I  I  T  N  U  O  C  S  I  D  P
G  G  I  R  O  S  R  E  L  L  A  F  P  F  R
L  O  U  L  B  T  E  V  A  R  G  O  R  R  I
O  A  V  O  E  L  C  K  R  O  W  G  E  L  N
M  T  B  E  G  G  L  H  P  R  I  E  S  T  T
N  Q  X  E  R  W  N  E  P  N  O  M  S  Y  S
I  D  H  Y  L  N  N  A  W  O  F  Y  U  C  J
B  L  O  O  T  Q  M  H  H  S  T  R  R  S  F
U  L  A  N  O  I  G  E  R  C  M  J  E  N  C
S  K  H  E  A  D  H  U  N  T  I  N  G  N  N
R  E  S  E  A  R  C  H  M  T  H  N  H  B  V
P  R  O  V  I  S  I  O  N  A  L  O  W  E  Z
T  R  A  M  P  L  E  Z  R  V  M  S  X  Q  X
```

AGIST	GRAVE	PROVISIONAL
BRAND	HEADHUNTING	REGIONAL
BURELAGE	HOTCHPOT	RESEARCH
CESSPIT	IMPRINT	SIGN
CHANGELING	LABEL	SWELL
DISCOUNT	LEGWORK	TOOL
FALLER	OMNIBUS	TRAMPLE
GOUGE	PRESSURE	
GOVERNMENT	PRIEST	

Puzzle #77

WEB DESIGN

```
M  A  E  B  G  A  N  D  E  S  I  G  N  D  K
M  Y  S  A  P  O  T  A  A  Q  J  X  W  E  N
E  C  N  A  G  E  L  E  E  M  E  T  I  L  O
T  V  L  W  I  G  S  B  Y  M  A  B  K  I  W
S  B  M  U  R  C  D  A  E  R  B  S  I  C  I
M  P  S  B  F  M  E  S  H  W  O  R  K  A  N
P  I  E  L  Y  N  U  C  N  L  U  T  S  C  G
A  J  C  L  S  P  G  L  C  A  U  G  S  Y  L
I  C  G  R  I  S  A  I  L  L  E  F  H  I  I
N  S  J  M  O  C  P  G  S  I  G  M  L  E  H
T  I  P  H  V  S  A  P  B  E  X  Q  H  I  P
Z  I  M  X  N  T  C  N  D  D  D  E  G  R  W
L  E  M  M  A  R  G  O  R  P  O  Q  V  S  B
Y  R  T  E  K  C  O  R  P  E  I  C  S  X  H
S  U  N  B  U  R  S  T  U  Y  H  Q  H  Z  L
```

BEAM	GRISAILLE	PAINT
BLOG	HISTORY	PELICAN
BREADCRUMBS	KNOWING	PROGRAMME
DAMASK	MEAN	ROCKETRY
DELICACY	MEANS	SUNBURST
DESIGN	MESHWORK	VEXILLUM
DESIGNFUL	MICROSCOPY	WIKI
ELEGANCE	MYSAP	WILFUL

TREE

H E A D T A U S U B O D R H R
K L P S T F L F O L I A G E I
E X P K H U I L P V B D N M N
L V L X A E N W A E W D S L G
V E E X L U N O S F A O L O N
J A R R A H R W C B K C J C B
P Z W U G A G I Q O J K H K Q
G O Q K A R I N D J C Q P E Z
N N X V P L E D O O W N O R I
P A I D O O W E N I M S A J X
Z L T N V T S V N X E T I V J
L U U U U T R E E L I N E L R
B K C M O M H V Q N V P L Z W
N Q V H W M A B V C W I D R M
S T O V E Z Q K U B W N F S K

APPLE	HEMLOCK	PLUM
ASHEN	IRONWOOD	RIND
AUSUBO	JARRAH	RING
COCONUT	JASMINEWOOD	SWIFT
DADDOCK	KAMUNING	TREELINE
EVERGREEN	KAURI	VITEX
FALL	LAUREL	ZUCHE
FOLIAGE	MOUTAN	
HEAD	PEACH	

CALENDAR

```
D  N  O  I  G  O  L  O  N  E  M  Y  H  K  I
I  N  A  I  L  U  M  O  R  T  A  U  O  Y  N
W  R  S  T  E  A  M  J  T  R  A  P  U  S  T
A  Y  E  H  S  D  N  E  L  A  K  B  R  W  E
L  N  G  B  E  O  S  E  S  F  W  E  E  K  R
I  M  U  O  M  B  P  O  M  S  V  Z  P  S  C
L  F  D  M  L  E  A  M  L  O  I  Y  I  I  A
B  Z  L  I  E  O  T  T  O  A  G  D  E  D  L
E  L  Y  T  S  R  N  P  Z  C  R  A  O  E  A
Q  I  E  O  K  K  A  E  E  O  S  Z  P  R  R
C  M  F  A  K  A  S  L  M  S  J  Q  N  E  Y
C  A  L  E  N  D  R  I  C  A  L  D  L  A  H
C  O  O  R  D  I  N  A  T  I  O  N  K  L  S
L  A  I  R  I  A  R  P  F  L  V  E  Y  Q  U
S  I  S  O  T  P  M  E  O  R  P  M  E  K  N
```

CALENDRICAL	MENOLOGION	SEBAT
COMPOST	MENOLOGY	SEPTEMBER
COORDINATION	MESSIDOR	SHEBAT
DIWALI	NUMERAL	SIDEREAL
EPAGOMENAL	PART	SOLAR
HOUR	PRAIRIAL	STYLE
INTERCALARY	PROEMPTOSIS	WEEK
KALENDS	ROMULIAN	

COFFEE

```
O  A  O  T  A  G  O  F  F  A  G  E  N  D  A
B  N  R  C  N  C  O  N  T  I  N  U  O  U  S
E  L  A  I  A  O  E  L  B  U  O  D  A  B  T
D  T  E  C  E  F  N  S  R  T  P  E  R  T  E
G  E  A  N  I  R  E  A  D  E  H  E  Y  A  A
Y  K  T  T  D  R  E  N  C  N  T  G  R  K  S
R  I  N  G  S  R  E  P  E  T  U  A  I  K  P
I  C  C  P  A  E  C  M  V  H  O  O  E  L  O
A  N  E  C  N  A  R  G  A  R  F  H  R  H  O
W  T  F  M  U  S  A  N  G  U  X  E  S  G  N
R  M  S  U  N  O  I  T  A  T  N  A  L  P  O
G  U  S  U  S  D  E  R  E  T  L  I  F  N  U
A  M  B  D  B  I  I  V  K  R  U  M  I  H  Z
M  H  R  O  V  O  O  A  V  B  U  O  J  B  I
N  S  E  D  T  T  R  N  O  Z  O  U  O  E  S
```

AFFOGATO	ESTATE	PERT
AGENDA	FRAGRANCE	PLANTATION
AMERICANO	GROUNDS	RING
BLEND	HEATER	ROBUSTA
CAFENEH	INFUSION	SHOT
CANON	LIGHT	TEASPOON
CONTINUOUS	MUSANG	UNFILTERED
DOUBLE	PEREIRA	
EDGY	PERK	

MONKEY

```
A D H E R E S C O L O B I N E
S Y A G K P O E H K N I L M G
P U E D O S R D L A X E M Y R
U T O K A R U I E E M N E M I
N I M I N L I M M X T E G O V
C T J T R O E L J A U A C N E
H I O G R U D G L L T T Y K T
G U E N O N C U H A C E U E W
I K I R I M R O L O W A Y Y A
P R E H E N S I L E C X W S N
P R E S B Y T E R E P E E W D
R E L I N Q U I S H V S M G E
Z E P H Y R B V K Y P M H E R
L S U X Y G K U G S H H V N O
D D G T H K I A T S M Q Z H O
```

ADHERE	GUENON	RELINQUISH
ATELES	LINK	ROLOWAY
CHAMECK	MIRIKI	TITI
COLOBINE	MONKEYS	TUXEDO
CURIOUS	MUSK	WANDEROO
DONKEY	PREHENSILE	WEEPER
GELADA	PRESBYTER	ZEPHYR
GORILLA	PRIMATE	
GRIVET	PUNCH	

ANTI AGING

```
A  A  K  E  B  T  F  O  O  T  A  J  N  A  G
D  K  K  R  T  N  E  P  I  R  J  A  U  N  A
E  J  Q  D  F  A  S  C  I  S  T  Y  R  T  R
X  M  U  A  K  U  G  J  O  R  V  H  E  I  R
D  I  C  A  T  N  A  N  F  X  G  A  M  P  I
M  O  N  A  R  C  H  I  A  N  E  W  B  Y  S
Y  D  O  B  I  T  N  A  L  R  J  K  E  R  O
R  E  K  R  A  M  O  I  B  X  I  E  R  E  N
C  O  N  S  I  G  N  M  E  N  T  R  G  T  L
B  E  N  Z  A  L  D  O  X  I  M  E  P  I  A
C  I  T  A  R  C  O  M  E  D  D  R  U  C  P
E  N  F  E  E  B  L  E  K  D  S  I  N  I  S
N  E  C  R  O  B  I  O  S  I  S  P  K  Y  E
P  A  C  I  F  I  S  T  W  F  R  E  Y  O  D
K  R  A  U  Q  A  T  N  E  P  R  S  M  Y  G
```

ANTACID	ENFEEBLE	MONARCHIAN
ANTIBODY	EXOCET	NECROBIOSIS
ANTIPYRETIC	FASCIST	NUREMBERG
BEKAA	FOOT	PACIFIST
BENZALDOXIME	GARRISON	PENTAQUARK
BIOMARKER	IRANGATE	PUNK
CONSIGNMENT	JAYHAWKER	RIPE
DEMOCRATIC	LAPSE	RIPEN

Puzzle #83

GERMAN SHEPHERD

```
K R E N H C U B N N A W H C S
E C T E L H C I R I D N E Y U
B D R U R D A S W I S S G I M
U M E A Q E O R T X E T E D L
U A A H M M T J N E L W L D A
G R R L C S A A O A I G I I U
C H J F L S I R C O C N A S T
A L A V R S N B C A K K N H Q
O N N I R G N E H O L C U B L
L U F T W A F F E K B V U N N
Z U E R K R E T T I R R Q C V
E K H C S T I E R T Q L U G O
C I H P R O M O T U A W I N D
L A I T N E T S I X E C H X N
S A U E R K R A U T I Q U I B
```

ACATER	HARNACK	SCHWANN
AUTOMORPHIC	HEGELIAN	STEIN
BISMARCK	JODL	SWISS
BUCHNER	LAMB	TEXT
CUCKOO	LOHENGRIN	TREITSCHKE
DIRICHLET	LUFTWAFFE	UMLAUT
ENSCHEDE	MARCOBRUNN	YIDDISH
EXISTENTIAL	RITTERKREUZ	
FRAU	SAUERKRAUT	

HOLIDAY

```
H  K  C  O  R  N  D  H  O  L  S  B  C  X  V
C  A  M  P  E  R  O  R  A  L  E  E  A  C  A
Z  Q  K  H  L  T  L  I  A  I  O  A  T  A  L
N  D  P  K  O  A  A  A  S  C  I  C  T  L  E
T  Z  F  P  U  L  I  R  T  N  A  H  E  F  N
M  U  C  O  L  N  N  R  B  S  E  Y  R  C  T
Y  G  N  I  P  M  A  C  E  E  E  C  Y  E  I
E  C  R  E  O  C  P  H  E  F  L  F  S  L  N
N  O  I  T  A  C  Y  A  D  D  Z  E  R  A  E
O  V  E  R  B  O  O  K  R  C  A  P  C  M  A
A  R  E  I  V  I  R  G  X  T  T  R  X  E  Z
E  D  I  S  A  E  S  C  K  G  A  W  A  W  V
Y  A  D  I  L  O  H  T  S  O  P  K  L  P  M
G  N  I  E  E  S  T  H  G  I  S  U  E  A  K
T  O  U  R  I  S  T  Y  A  D  Y  K  R  O  W
```

ASCENSION	FERIAL	RIVIERA
BEACHY	FESTAL	ROCK
CAMPER	HANUKKAH	SEASIDE
CAMPING	HOLS	SIGHTSEEING
CARD	LOCUM	TOURIST
CATTERY	OVERBOOK	VALENTINE
CELEBRATE	PARADE	WORKYDAY
COERCE	PARTAKE	
DAYCATION	POSTHOLIDAY	

Puzzle #85

SUMMER

```
B A L D E R N A M A D A V A T
C A L A I T D O B L A N D I E
O R D M N S A N S Q U E N C H
M D O M I I C L A E R Y P M E
E H R P I S R O D H G R O L L
T L O A X N I I L R M R A H G
U O B M O W T T U O A R A C E
P C M A E B F O I Q R C A S Y
I F S K H S E K N T K S A F E
K K P G X G I R Q Y S Z R L K
L A T N E R U C I G H A L P P
M Q B E G Q A A K F Y M M U A
M O S Q U I T O L Y M D B S I
K C E N T H G I A R T S H C T
W O L L A F Y R H T Y G B G K
```

AMADAVAT
BADMINTON
BALDER
BLAND
COME
CROP
DISCOLOR
EMPYREAL
FARMHAND

FIREBOARD
HOMESICK
LATE
LAUGHABLE
MASTITIS
MOSQUITO
PLACARD
QUENCH
QUIRINAL

RENTAL
ROLL
SARGESON
SIMLA
STRAIGHTNECK
THRYFALLOW
TUPIK

WINE

```
B A C C H A N A L I A D T E S
M Z G A L A S R A M K I R X U
C O D E U G N A L P F O E P P
D R A C N Z A R I H S N B A E
H S U L B A B R A N D Y B N R
E C Y P T H G Y I B N S I S N
T R A A S E O R T Q C U A I A
A J O V N I M C A R L S N V C
Z Q B T A N R U K G O L O E U
Z P Q Y A R O C F A P P F G L
A W W I M I C D R S M K N S A
Y E N M U R C A R Y K O A D R
N O O G N A L C M A X W R T G
N O I T A L B O A O H I M E X
S I L L A B U B P C Y C V Y X
```

BACCHANALIA	DIONYSUS	OBLATION
BLUSH	EXPANSIVE	PORTY
BRANDY	FUMET	RUMNEY
CACCIATORE	GARGANEGA	SHIRAZ
CARD	HOCKAMORE	SILLABUB
CAVA	LANGOON	SUPERNACULAR
CHARDONNAY	LANGUEDOC	TAZZA
CRISP	MARSALA	TREBBIANO

FUNNY

```
B E S T R C D A T E D F I O W
Y F L I N E R R Y P D J M R A
K P U T E I K A I R B O P G C
G J P N U F K R C L I R R A K
L A C I N O R I O K Y D O N Y
U G J Q D Y K L T C E L V I Y
M O C T I S M C F S T R I Z K
K I L L I N G A O T C B S E O
L I M E R I C K N N O H E D U
H C T E K S B T K Z K R B T U
E L B A R U S A E L P F A E X
Y N N U F N U W G U M E X S Z
L A C I S M I H W A A H M H R
W I S E C R A C K S H B Q H F
E C X C K E U D Q H K K F D E
```

BEST	IMPROVISE	ROTFL
CORKER	IRONICAL	SITCOM
CRACKER	KILLING	SKETCH
DATED	KITSCH	UNFUNNY
DIPPY	KNOCKOUT	WACKY
DRILY	LIMERICK	WHIMSICAL
FJORD	LINE	WISECRACK
FUNNY	ORGANIZED	
FUNNYMAN	PLEASURABLE	

Puzzle #88

HEALTHY SNACKS

```
C  M  U  I  C  L  A  C  B  U  R  E  H  C  G
Y  I  G  E  H  H  Y  K  C  I  D  S  Y  R  A
L  S  L  N  T  S  O  D  N  Z  T  L  D  O  M
P  O  P  O  I  A  U  W  R  O  W  D  R  U  E
Y  R  O  E  H  L  D  L  P  A  S  D  A  T  L
S  R  U  K  L  O  I  I  F  G  H  H  T  E  Y
X  J  B  N  I  A  C  A  R  O  T  T  E  N  S
W  E  L  L  E  I  T  L  F  O  D  Z  X  R  V
A  R  T  S  E  L  O  A  A  J  U  D  V  I  G
E  M  O  S  E  L  A  H  C  V  F  L  L  A  U
M  I  C  R  O  F  L  O  R  A  P  C  F  C  S
E  L  I  T  R  A  U  Q  Y  N  W  A  R  C  S
E  N  I  M  A  I  H  T  Z  M  A  P  F  B  N
E  M  O  S  E  L  O  H  W  C  T  S  H  G  L
I  R  X  E  W  Y  A  L  P  D  N  A  P  W  P
```

ALCOHOLIC	FLUSH	PRUNE
CALCIUM	GAMELY	QUARTILE
CATALEPSY	HALESOME	ROTTEN
CHERUB	HARDY	SCRAWNY
CHOW	HYDRATE	THIAMINE
CROUTE	LOOK	WELL
DICKY	MICROFLORA	WHOLESOME
FAILING	NOSHER	
FLUORIDATE	OLESTRA	

Puzzle #89

FISH

R E L G N A B C A T C H Z K D
C E D C O C H L I O D O N T R
D R B L G U E N A H A V N H A
N I A R O A R R G Y S Z J E F
P A P B A K M N G E Y A H R T
U T L N Y B C E E A G C D R V
F S U A E T E U F T E E M I M
F G B J H U J S C I T M C N W
E V Y E R P S O H G S O W G I
R V O M C F E T R H N H H H N
S U O R O V I C S I P I S S U
E R I U Q S U P O C U C S J X
J A I S I N E I L L O M R I Q
S P E A R F I S H Z O I O U R
E K I R T S X F W S X H F A V

ANGLER	DRAFT	PISCIVOROUS
BARBER	GAMEFISH	PUFFER
BLAY	GOURNET	RISING
CATCH	HERRING	SHOTTEN
COCHLIODONT	HOLOCEPHALAN	SPEARFISH
CRAB	MEAGRE	SQUIRE
CUCKOLD	MOLLIENISIA	STRIKE
DASHI	NGEGE	
DIPNEUST	OSPREY	

Puzzle #90

LOVE POETRY

```
O  C  O  L  E  R  I  D  G  I  A  N  C  J  K
D  C  H  M  I  A  L  C  E  D  D  R  O  N  E
I  Y  O  A  G  G  G  M  H  P  D  F  U  X  R
N  V  G  Q  R  O  R  N  I  F  I  F  P  T  M
L  O  S  E  U  I  N  A  I  S  O  C  L  L  Y
O  J  K  N  L  E  T  E  D  K  L  T  E  C  S
D  T  N  T  O  E  T  Y  D  U  A  I  T  B  Z
K  K  Y  M  C  I  X  R  R  E  S  M  N  O  T
K  I  N  D  N  E  S  S  Y  T  P  A  Q  E  M
U  Q  D  E  M  Q  L  N  O  W  E  I  R  L  I
T  N  A  I  D  A  R  G  A  O  A  O  M  W  E
C  I  T  N  A  M  O  R  E  C  S  O  P  E  O
R  E  T  S  E  M  Y  H  R  N  S  P  J  H  S
S  A  R  A  S  W  A  T  I  B  Z  R  R  H  W
S  U  P  P  O  R  T  O  T  Y  M  X  W  M  Y
```

CHARITY	GRADUS	RADIANT
COLERIDGIAN	KINDNESS	RHYMESTER
COQUETRY	LOSE	ROMANTIC
COUPLET	MAKING	SARASWATI
DECLAIM	MISLINE	SCANSION
DRONE	MOTTO	SEMIPED
ELEGY	NEGLECT	SUPPORT
EPIC	ODIN	
GONE	POETRY	

SHARK

```
S  N  A  E  Y  E  G  I  B  F  I  S  H  V  M
T  U  A  T  C  D  E  L  C  I  T  N  E  D  O
H  N  T  I  T  N  E  H  S  I  F  X  O  F  N
N  A  O  N  C  E  U  M  R  R  N  K  W  R  S
N  O  W  I  O  E  N  O  O  A  O  I  W  P  T
A  P  I  K  C  D  P  T  B  I  M  O  T  Z  E
Q  U  E  T  S  A  O  O  I  S  S  B  T  O  R
K  C  B  W  A  T  R  R  L  V  Q  E  L  W  C
B  E  A  Q  R  N  I  T  E  A  E  L  L  E  H
H  U  M  A  N  T  I  N  S  T  M  L  N  L  M
S  L  A  S  H  E  R  G  K  E  E  D  Y  W  E
D  R  O  L  D  N  A  L  A  A  C  H  U  D  T
R  H  I  N  O  D  O  N  G  M  R  T  B  J  F
H  S  I  K  R  A  H  S  G  X  I  D  U  I  K
S  P  E  A  R  E  Y  E  H  S  I  F  N  U  S
```

ALOPECIAN	FOXFISH	RHINODON
ATTENTIVELY	HAWK	ROOT
BIGEYE	HETERODONTUS	SHARKISH
BOUNCE	HUMANTIN	SLASHER
CESTRACIONT	IMAGINATION	SPEAREYE
DEMOISELLE	LANDLORD	STINKARD
DENTICLE	MONSTER	SUNFISH
FISH	RAMBLE	

Puzzle #92

KIDS

```
K C E K D I N K Y E A R F U L
F N O L E D E I Z N E R F M O
R H A T B R O T A I D E M E P
I O C P U A L N I P S B R R I
S L V T D B T E E Y Y U A R N
K I O E E V E S S L J S U Y E
B U R O R V M R E S G K C G K
T H E N H Z K R F T A G O F K
E E D M H C E G A Z E P U V W
W F E J H V S A P J J D S M E
R E L I A N T E L M Y R P H S
U L T I M A T E R O H R R S T
Y H R O Y B X O K P U E O Z E
S I M U L T A N E O U S U H R
T F M P M S Z D Y G N C T D N
```

DEBUD	OPINE	SIMULTANEOUS
DETESTABLE	OVERZEALOUS	SMUGGLE
DINKY	PANK	SPIN
EARFUL	PASSEL	SPROUT
FRENZIED	PRESCHOOL	THEN
FRISK	RAUCOUS	ULTIMATE
KVETCH	REBUS	WESTERN
MEDIATOR	REBUT	
MERRY	RELIANT	

FOOTBALL

```
K  G  H  T  M  C  L  E  A  R  E  D  I  W  C
N  C  A  O  N  H  K  C  A  B  K  C  A  R  C
G  O  O  T  M  E  P  C  L  B  P  H  E  K  S
A  N  I  L  E  E  M  R  A  V  O  E  Q  A  N
L  T  E  S  B  R  C  O  O  B  O  A  G  D  A
A  N  O  E  S  N  E  O  F  M  L  D  G  D  P
C  J  B  O  R  U  O  C  M  E  E  L  Y  Q  P
T  A  F  C  H  C  C  I  A  I  L  D  U  I  E
I  N  Y  P  X  S  S  N  T  R  N  B  I  F  R
C  P  E  L  T  E  R  S  O  A  R  G  E  O  P
O  R  E  L  E  A  S  E  K  C  G  E  E  R  S
E  S  R  E  V  E  R  R  X  G  W  E  T  G  T
V  I  S  I  T  O  R  B  I  N  P  N  L  O  Y
Q  G  C  Q  X  G  T  L  E  J  V  J  X  F  A
X  X  S  C  H  O  I  P  Y  Z  G  D  A  T  R
```

BLOCK	HEAD	SHOOT
CHEER	HOMECOMING	SNAPPER
CLEAR	PELTERS	TERRACE
CONCUSSION	POOL	TREBLE
CRACKBACK	PROMEDIOS	VISITOR
FOMENT	RELEASE	WIDE
FULLBACK	RELEGATION	ZEBRA
GALACTICO	REVERSE	
GATE	SCREEN	

MAPS

```
F  H  Y  H  P  A  R  G  O  T  R  A  C  C  K
I  E  Y  N  C  F  R  E  E  B  I  E  O  O  N
L  V  M  D  O  O  Y  R  E  V  I  R  M  P  E
O  E  G  S  R  I  S  H  K  L  N  C  P  Y  E
F  L  N  R  I  A  T  M  P  X  A  U  A  R  B
A  I  B  J  A  H  C  A  O  A  X  C  S  I  O
X  U  W  Z  B  P  P  F  L  G  R  O  S  G  A
N  S  Z  O  N  E  H  R  R  L  R  G  W  H  R
N  A  V  I  G  A  T  I  O  N  O  A  O  T  D
L  A  C  I  T  U  A  N  C  M  Z  C  P  R  E
K  O  O  B  E  D  I  U  G  A  O  N  V  H  O
P  A  N  T  O  G  R  A  P  H  C  D  O  H  Y
P  A  M  O  T  O  H  P  X  U  T  Y  N  L  G
P  R  E  D  I  C  T  I  O  N  H  S  N  E  M
R  O  Y  E  V  R  U  S  S  H  I  G  C  V  O
```

CARTOGRAPHY	GRAPHICACY	PANTOGRAPH
COLLATION	GUIDEBOOK	PHOTOMAP
COMPASS	HEVELIUS	PREDICTION
COPYRIGHT	HYDRA	RIVER
COSMOGRAPHY	KNEEBOARD	SCALE
ENDOMORPHISM	NAUTICAL	SURVEYOR
FILOFAX	NAVIGATION	ZONE
FREEBIE	OROGRAPHY	

POLICE

```
P  Q  U  E  S  T  U  R  A  C  O  U  G  H  T
A  S  R  D  E  A  D  D  H  A  H  G  S  J  W
Q  C  N  E  R  M  M  R  I  R  D  A  Y  F  O
M  P  C  I  P  A  R  S  C  A  U  T  R  Y  C
V  C  U  E  I  P  L  A  R  B  R  Z  R  G  O
C  G  I  E  S  I  O  U  D  I  H  T  A  L  E
X  A  S  T  N  S  N  C  C  N  C  B  E  O  S
M  R  O  F  N  I  O  T  S  I  E  R  S  C  Q
K  E  T  T  L  E  L  R  E  E  T  G  S  K  U
E  R  U  C  E  S  N  I  Y  R  A  R  G  U  A
D  A  E  H  T  A  E  M  U  E  V  N  A  P  D
E  R  I  A  S  S  I  M  M  O  C  I  P  P  D
S  R  E  T  R  A  U  Q  D  A  E  H  E  H  E
D  E  Z  I  R  A  T  I  L  I  M  W  O  W  R
S  U  R  R  O  U  N  D  Y  F  E  T  G  A  O
```

ACCESSORY	INFORM	PARTICULAR
CARABINIERE	INSECURE	PSNI
CHARGE	INTERVIEW	QUESTURA
COMMISSAIRE	KETTLE	RAID
COPPER	LATHI	SQUADDER
COUGH	LINEUP	SURROUND
DEAD	LOCKUP	TWOC
GENDARME	MEATHEAD	
HEADQUARTERS	MILITARIZED	

QUIT SMOKING

```
N  W  O  L  L  A  E  B  E  K  C  U  R  E  D
B  O  T  H  E  T  N  R  A  T  L  S  G  E  I
S  A  I  E  C  L  I  O  A  C  O  A  C  R  V
M  V  R  T  M  U  T  B  S  W  C  L  H  Z  A
O  B  H  B  C  U  A  T  A  A  A  Y  B  C  N
K  T  O  A  E  I  L  B  O  H  E  C  N  Q  Y
E  X  L  J  X  C  D  A  E  D  R  S  P  F  Q
E  C  I  T  O  N  U  D  C  D  O  P  F  J  T
E  K  A  S  R  O  F  E  A  E  V  L  E  H  S
C  O  R  R  E  L  A  T  I  O  N  P  G  N  T
L  E  U  K  O  P  L  A  K  I  A  X  G  H  R
H  S  I  U  Q  N  I  L  E  R  F  T  V  A  I
S  M  O  K  E  S  T  A  N  D  E  W  N  X  K
N  O  E  G  D  I  W  Y  C  K  W  X  D  U  E
W  I  L  L  P  O  W  E  R  M  D  G  O  D  C
```

ADDICTION	CURE	SEASON
ALLOW	DEBAUCH	SHELVE
AWARE	DIVAN	SMOKE
BACCY	DOTTLE	SMOKESTAND
BARBECUE	FORSAKE	STRIKE
BLOTE	HABIT	WIDGEON
CALUMET	LEUKOPLAKIA	WILLPOWER
CHALK	NOTICE	
CORRELATION	RELINQUISH	

Puzzle #97

WOMEN

```
B H L A N O I T A T S E G B L
U S S M Y I D N I K Y D A L O
S M C A O R M G C P Y H R N Z
K A I I G P O M Z U V C H I E
I N U A R Y L I I J B X X G N
N T I J K T R A R W Y U F H G
L E T A N K A N H P Y T S T E
X E G N I L L I K Y D A L D H
A L N U B I L E N V Y R F R E
E T O G N I D E R Y N C G E I
S C I R T E T S B O G D R S T
M U L I E R O S I T Y X E S S
T E H I N N A H T O A S T E R
E E P O L L O R T V T R T U E
U N F E M I N I N E N W C S R
```

BUSKIN	MANTEEL	TANKA
GASH	MOPLAH	TEHINNAH
GESTATIONAL	MULIEROSITY	TOASTER
GYNIATRICS	NIGHTDRESS	TROLLOPEE
INCUBUS	NUBILE	UMIAK
LADYKILLING	OBSTETRICS	UNFEMININE
LADYKIND	PRIORY	VIRTUE
LOZENGE	REDINGOTE	WIMMIN

AIRPORT

C G K E N N E D Y A I R W A Y
R A S I A S P H A L T B R U C
O T N T V C M O O R K C E H C
Y W E N A A H R E D N A G T R
D I D C O N L A G L I T C H V
O C P N A U S F N P U K C I P
N K P O U R N T E N T R O P Y
G N C R P O G C E K E Y R G E
F E V A O U B P E D L L U J K
M T Q B T D L N R E S U L T G
H C R A E S U O I S K Y C A P
Y E L L O R T C U W E I G H T
F E T L I U W Q E S N O O A Q
O C K J Y A U I B X W Z B U H
G P K X R K Q R E G Z S N V B

AIRWAY	GLITCH	RESULT
ANNOUNCE	GRACE	SEARCH
ASPHALT	INBOUND	SKYCAP
CHANNEL	KEFLAVIK	STACK
CHECKROOM	KENNEDY	STANSTED
CROYDON	PICKUP	TROLLEY
CURB	POPULOUS	WEIGH
GANDER	PORT	
GATWICK	PRODUCE	

SALAD

```
T E A Y V O H C N A E H C A M
C E T M A L O B M A R A C D I
E A N A B P G E M U L S I O N
H G R R U R O N E C U T T E L
E D R R U T O L I D A L A S R
R N R A O B N S L S W E Y I E
B S I A H T Y E I O S A O A F
I A K O H C I W C A D E L F I
V L O T D S R H Y C X L R S N
O L M T R E M O U L A D E D E
R E E M E S C L U N O W Q B M
E T O R A Z P A T H O G E N E
G I L C R O V N M S M W H L N
A N A F A O H E L U O B B A T
W G J C O T S X X W T V Q P O
```

ACCENTUATE
AMBROSIA
ANCHOVY
BURNET
CARAMBOLA
CARROT
CHARGE
DOLLOP
DRESSING

EMULSION
HERBIVORE
LETTUCE
MACEDOINE
MACHE
MESCLUN
PATHOGEN
REFINEMENT
REMOULADE

SALAD
SALLETING
SHARD
SLAW
SORREL
TABBOULEH
TACO

TELEVISION

```
V A N I M E C A T C H Y P J D
T T X D F R L E T N D S O V I
Y G A O R O E B K P E T I G D
A R E M B A R F A A M M L D D
L A I C R E M M O C M O M I L
F R O S T T L A A O V I R O E
G R A P H I C G Z T D J O P C
N E E R C S X Q G P O F B R T
E L A I C R E M R O F N I O E
N E W S C A S T E R G L B G L
Y R E P R O D U C E L N M R L
E A N O I T U L O S E R R A Y
O W L S C R E E N I N G G M N
W G L E N P Y N Y C Q X Y M Q
P Y E D R Q U E U L V C O E Z
```

ANIME	FORMAT	PROMPT
CABLE	FROST	RELAY
CATCHY	GOGGLEBOX	REPRODUCE
COMMENT	GRAPHIC	RESOLUTION
COMMERCIAL	INFORMERCIAL	SCREEN
DIDDLE	MAKE	SCREENING
DISH	MATV	TELLY
DOOFER	NEWSCASTER	
DRAMA	PROGRAMME	

OFFICE
Puzzle # 1

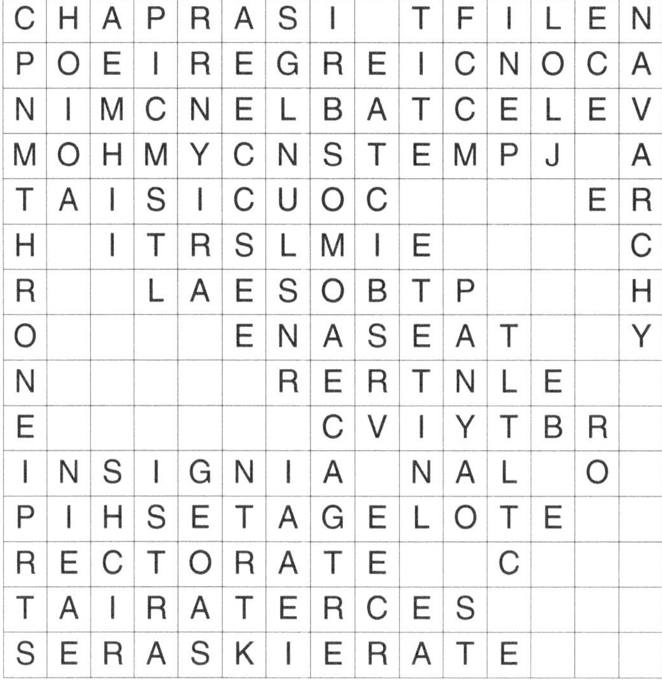

GARDEN
Puzzle # 2

G E T H S E M A N E B C A N E
C H N P   U F L A T   L I O S
O   C I E   G D A I G G O L
N W   T P C E A R T H Y S O
S   E   A L N   R A   L   M
E   P F   P A O   A Y   U
R A E A R I P S C   P L G
V A R E D E H S T A F S I
A   G   V   A A
T   O D E B R E W O L F   Z K
O   L   F   I
R G A R D E N I A   N
Y E P A C S D N A L   N
H C A N I P S U N D I A L I
R E E T N U L O V   A

GRADUATE
Puzzle # 3

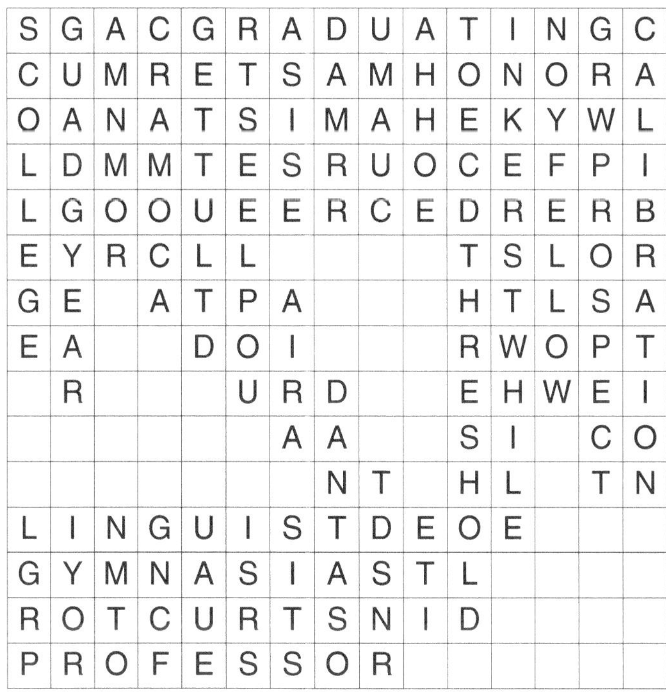

CLASSROOM
Puzzle # 4

E P   B A I N T E R N M
C V I Y E G   R P   O I
S O O H T Z L R A A   S C
K S U R S I I O   V P   C R
H C E R P R X G W   A E   I O
  O A N S P O A R E   D R T C
Y M M B E E A T L E R   O A O
  L A E H V W E A A N I   N S
    E I W S I A R T I E N T M
    R N O A S R A C L   G I
    U T R L U E U I A   C
    P A K F F   C D E
D E T C E F N I   F   O   R
G N I N R A E L N   E   U
N E T R A G R E D N I K   S

HISTORY
Puzzle # 5

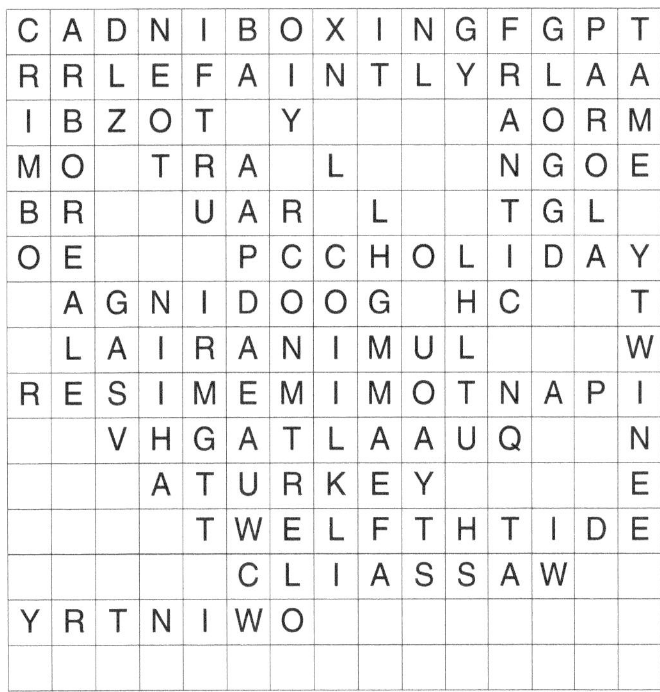

TRUCK
Puzzle # 6

CHRISTMAS
Puzzle # 7

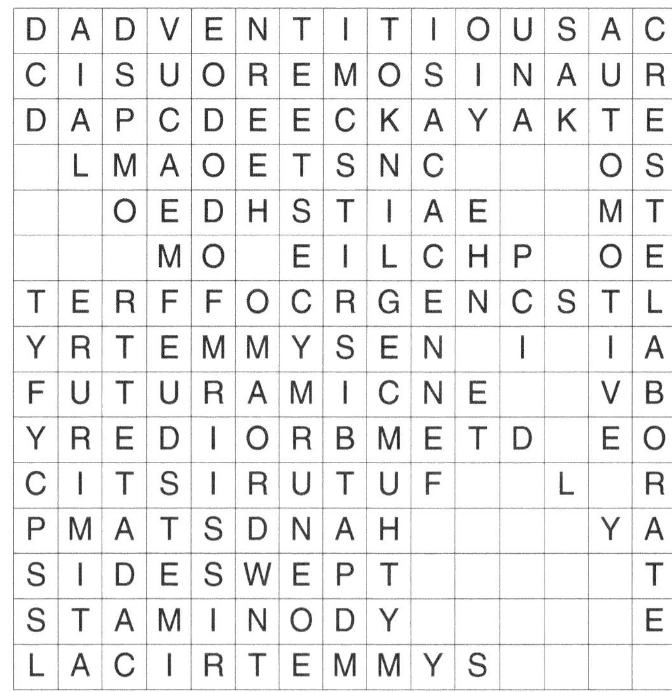

FLORAL DESIGN
Puzzle # 8

MAIL
Puzzle # 9

```
A B S E N T E E C O I F D H M
D N E P E D E L F R E E I A A
E X P R E S S S I F T M S B C
D N M T D T     S F   A C E U
O R I A O I A     U   T O R L
C   O H I H A B     G T N G A
C     L C L S P E     E T E T
U     D A C L E R   R I O U
P S H I P N M L I R   S N N R
A           A   A A P P U   E
N             L   D M A E
T P H I S H I N G       M
Y R A T E R C E S       M
X E T E L E T           Y
D E T I C I L O S N U
```

GRAPHIC DESIGN
Puzzle # 10

```
A T Y C L A S S C         R H I
E I O S       H       M E Y D
E L R P U     D E S T I N E E
P S E F H B     M A   X D T O
O U C R G       I L   O E O G
I T O T A U     S T   G R G R
  N P H R M O E I     R I R A
      T A   O E B R   A N A P
      R L   L R E   P G P H
E I R E S I O N I H C H   H Y
M O D E L   C   R E T N I R P
R E T U O R   A       R
L I O F X E S       T
Y H P A R G O D U E S P
P H R E N O G R A M
```

SEA
Puzzle # 11

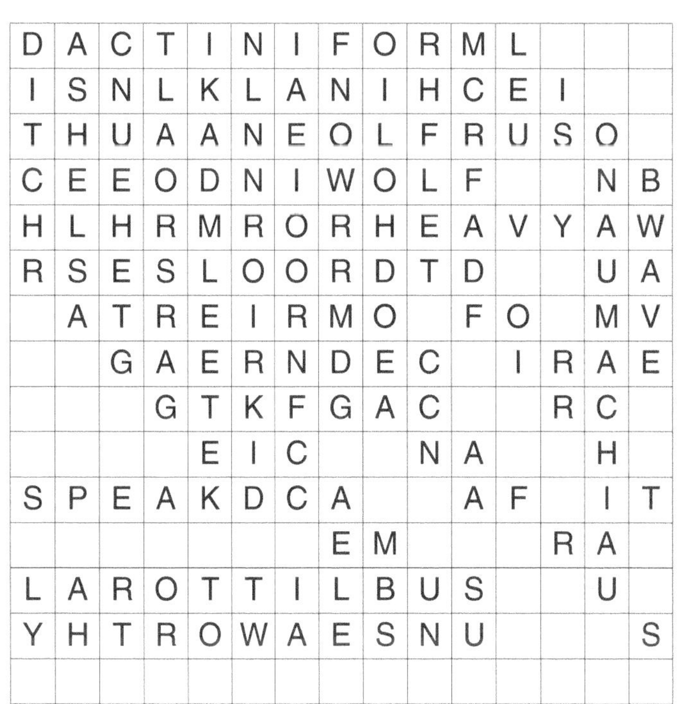

```
D A C T I N I F O R M L
I S N L K L A N I H C E I
T H U A A N E O L F R U S O
C E E O D N I W O L F     N B
H L H R M R O R H E A V Y A W
R S E S L O O R D T D     U A
  A T R E I R M O     F O   M V
    G A E R N D E C     I R A E
      G T K F G A C       R C
      E I C       N A       H
S P E A K D C A     A F   S I T
              E M         R A
L A R O T T I L B U S       U
Y H T R O W A E S N U         S
```

STAR
Puzzle # 12

```
A S T E R O X Y L O N D R O F
O C A R D E R A Z I M U K K A
T T E S O O X R E P I I A C T
F A E L I C I O G N I T E E M
U P E E U W C R C E         O
L U   H W B E U E H I       S
G L     C S O L L P O X     P
E L     S R L   T   R Y     H
N Y R R A T S E G   A   D P E
T   E T I L L E T A S T   A R
S T E L L A T E   T     I   E
B R E P U S       I     O
O V E R W R O U G H T B     N
O R N I T H O G A L U M
V A R I A B I L I T Y
```

STOP DEPRESSION
Puzzle # 13

B	B	C	D	E	R	A	I	L	M	A	O	L	
U	R	I	A	A	R	A	E	P	P	A	S	I	D
R	A	T	N	V	E	S	W		L	T	S	E	R
Y	K	S	N	T	I	D	K	A		A	L	L	E	S
	E	U		E	R	T		I	S		I		
		M			V	O	Y		P	H	S	N	
		P				E	C	R	E	P	P	U	C	S
S	O	J	O	U	R	N	R	E	S	W	A	G	
H	C	N	U	A	T	S		P	S		R		
D	I	Z	A	I	N	O	R	P	I	S	E		
P	R	O	H	I	B	I	T	I	O	N	I		
S	S	E	L	E	S	R	O	M	E	R		O	
S	T	R	A	N	G	L	E				N		
E	T	A	L	U	G	N	A	R	T	S			

DOG
Puzzle # 14

A	K	B	G	R	W	I	C	U	R	B	L	E	E	H
N	N	C	A	N	E	O	G	Y	M	R	O	W	E	D
N	W	S	A	I	I	D	H	R	N	D	O	G	G	Y
	W	A	W	B	T	K	N	C	O	O	E			
	O	F	E			R	U	M	C	L	K			
F	E	U	T	E	R	E	R	A	O	O	L	O	I	
L	E	A	M	E	R			M	B	B	P	W	G	H
M	A	L	A	M	U	T	E	U	R			P	O	Y
		D	W	O	L	F	S		A			E	Y	
R	R	A	Y	D			H		T				T	
			A			E				T				
			P		R						E			
													R	

HAPPY
Puzzle # 15

C	B	L	E	A	K		A	Y	L	B	B	U	B	E
C	I	L	U	F	I	T	N	U	O	B		W		X
C	A	T	E	G	R	E	I	C	N	O	C	H		C
	O	N	S	T	N	E	M	E	L	P	M	O	C	I
Y	E	M	C	I	G		A	U			O	L	T	
R	T	X	E	E	U	L	T		S		P	A	E	
A		E	H	D	L	R	E			S		U	M	
P		I	I	Y	L	T	A				I	R	E	
T			A	L		E	L	M				E	N	
			G	A		D	A				L	T		
D	O	W	N	H	E	A	R	T	E	D				
E	L	B	A	D	A	R	G	A	E	V	I	R	H	T
D	E	V	O	R	P	M	I		T					
M	R	O	F	R	E	P			E					
T	N	E	M	L	L	I	F	L	U	F	D			

DRINKING
Puzzle # 16

S	B	U	Z	Z			C		C	D	R	U	N	K
D	U	Y	R		T	N	A	R	U	T	A	N	E	D
O	Y	O	R	A		N		P	G	U	S	T	O	
G	E	T	I	I	E		I	R	H	Y	T	O	N	V
G	E	R	I	M	A	T	K	O	O	S			E	
E	L	T	A	L	E	L	I	C	L	T			R	
R		A	A	W	A	T	N	K	D	E			D	
Y		K	R	S	U	S	Y	E	I				R	
		O	E	S	T	B	R	N				I	
T	N	U	T	S	P	D	A	N	A			N	
S	E	R	I	O	U	S	O	L	E				K	
T	O	A	S	T	E	R		M	G	V				
	E	V	I	T	A	R	E	P	O	E	R	P		
A	I	L	A	N	R	U	T	A	S					
S	Y	M	P	O	S	I	A	C						

E SPORT
Puzzle # 17

UNIVERSITY
Puzzle # 18

BABY SHOWER
Puzzle # 19

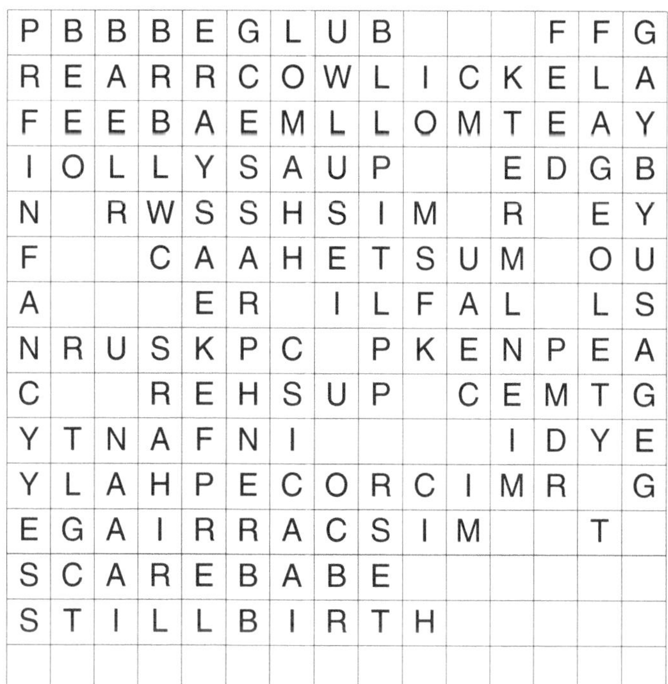

PEOPLE
Puzzle # 20

ESTATE PLANNING
Puzzle # 21

M	R	H	S	A	R	B	C	R	O	N	O	D	C
I		M		D	C	E	L	A		Y	T	S	A	H
N			S	M		H	V	A	R				S	
V	F	I	X	I	N	G	E	A	M	E			U	
E				N	T	R	S	E		E	L		A	
N			I	D	A	U	E	K			E	L		
T			S		A	R	E	I	Y			S		
O			T		E	O	N	S					S	
R			E			H	P	G	I					
Y		E	G	R	A	L	N	E	E	R	I	N		
I	N	T	E	R	D	I	C	T		L	O	E		
L	I	M	I	T	A	T	I	O	N		B	C	S	
N	O	I	T	A	T	I	D	E	M			M		
E	D	U	T	I	V	R	E	S				U		
N	O	I	T	C	A	R	T	S	B	U	S			H

LITERATURE
Puzzle # 22

B	D	S	I	T	Y	L	E	D	I	G			E	P
B	Y	R	C	O	M	I	C	E	E	T	A	L	X	A
T	A	Z	A	R				V		A			P	T
D	S	G	A	B	U	D		O			T		L	R
	U	I	A	N	B	E	E	U				H	I	I
		E	T	T	T	L	T	R	T	U	R	N	C	P
		S	A	E	I	E	A	E				A	A	
			P	R	L	N	R	R	N			T	S	
			A	L	I	E	E	N		E	S		
G	N	I	N	N	E	K	P	E	S	K	T	A		I
M	O	V	E	M	E	N	T	M		M	A	T	M	A
M	S	I	L	A	E	R			O		E	I	N
C	I	T	A	M	E	H	C	S		C		P	L
M	S	I	C	I	T	S	I	R	T	A	P		S
S	C	H	O	L	A	R	S	E	M	I	O	S	I	S

CLOUD
Puzzle # 23

T	C	C	D	T	L	E	D	M			O	P
U	L	O	U	E	F	L	Z	I	U		V	U
C	O	V	R	M	N	I	A	A	R	D		E	F
A	U	E	F	E	U	I	R	B	H	U	D	R	F
N	D	R		O	G	L	A	D	E		L	L	L
A	I			O	N	I	B	W	R		A	E
	N	T	F	I	R	P	E	F	L	O	I	Y	T
	G	S	P	E	C	K		S	O	E	D	F
I	N	D	I	C	A	T	O	R	S	R	A	A
N	E	P	H	O	L	O	G	Y	E	E	M	B	H
N	O	C	T	I	L	U	C	E	N	T	M		U	S
U	N	D	E	R	C	A	S	T	W		S		T
T	U	O	E	T	I	H	W			I		I
									S		W
									P		T

PARTY
Puzzle # 24

B	R	A	C	Q	U	I	E	S	C	E	N	C	E	O
T	A	A	T	G	H	A	R	D	E			O	O	B
T	N	A	T	U	A	E	G	N	I	R	F	M	U	L
F	C	A	T	Z	O	L			L			M	T	I
	A	E	M	H		K	A		I			I	S	G
		C	L	I	I	T	O		D			S	I	O
H		R	T	E	A	S	N	O	H			S	D	R
R	I		A	I	S	L	M	E	C			A	E
	E	M		L	O	E	C		M			R	R
		D	S	F	U	N	D	R	A	I	S	E	R
		A	E		G			E		R		R
			E	L		E			D		R
			L	F		R				N		E
T	N	A	T	I	L	I	M				A		M
Y	X	O	D	O	H	T	R	O			P

COOKING
Puzzle # 25

GOLD
Puzzle # 26

PHOTOGRAPHY
Puzzle # 27

PIANO LESSONS
Puzzle # 28

SCIENCE
Puzzle # 29

N	A				C	C					H
D	A	L			C	A	R	D	I	O	L	G	Y
D	O	R	A			B	I	O			D
	I	M	T	B		B	M		U		R
		P	A	R	A		A	I		T	A
		L	I	O	C	L	N		E	U
		O	N	F	A	O		R	L
Y	G	O	L	O	M	O	N	L	E	K	O	V	N	I
K	A	B	B	A	L	A	H	O		C
Y	G	O	L	O	E	G	C	G
E	N	I	C	I	D	E	M	Y
Y	G	O	L	O	T	A	M	M	A	R	G
A	I	E	O	P	O	L	E	M
S	C	I	R	T	E	M	O	N	C	O	L	O	G	Y
M	O	R	P	H	O	L	O	G	I	S	T

PHOTO EDITING
Puzzle # 30

P	O	H	S	O	T	O	H	P	S	H	A	R	P	F
E	E	N	O	I	T	P	A	C	A	T	C	H	E		E
C	R	N	D	E	M	E	N	D	S	H	O	R	T	A
D	L	U	O	O	G	N	I	V	A	R	G	N	E	T
E	N	A	T	G	C	P			M			S	P	U
G	E	U	P	R	Y	U	H		O			N	R	R
E	N	U	O	B	E	B	S	O	N			A	O	E
R	T	I	Q	R	O	P		O	T			P	C	D
	E	O	P	R	G	A	A		A	O		C	E
	I	U	A	A	E	R		G	P	C	H	S
	S	Q	C	M	R	D	E			A	S
S	L	U	G	S	I	S	I	O			T	L
		U	P	T	R	F				L
	E		U	T	I	L	I	T	Y
U	N	D	E	R	C	U	T		N

FRIENDSHIP BRACELETS
Puzzle # 31

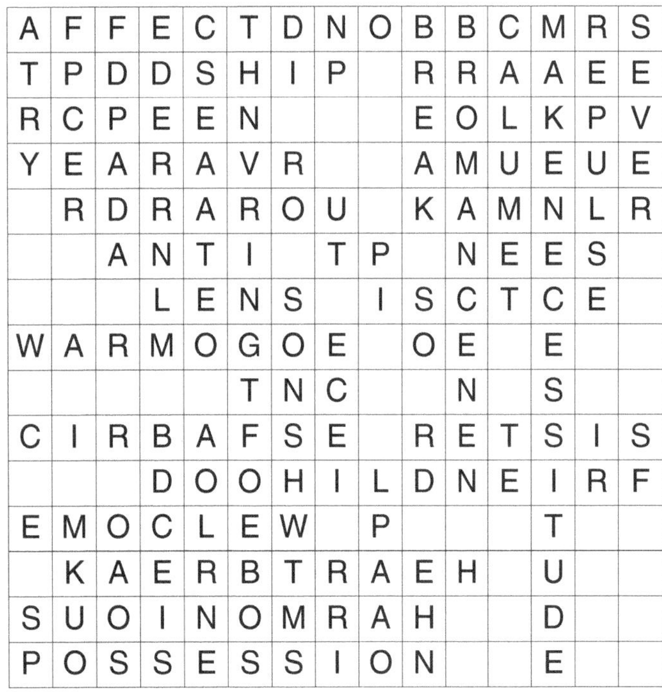

A	F	F	E	C	T	D	N	O	B	B	C	M	R	S
T	P	D	D	S	H	I	P		R	R	A	A	E	E
R	C	P	E	E	N			E	O	L	K	P	V
Y	E	A	R	A	V	R		A	M	U	E	U	E
	R	D	R	A	R	O	U		K	A	M	N	L	R
	A	N	T	I		T	P		N	E	E	S
	L	E	N	S		I	S	C	T	C	E
W	A	R	M	O	G	O	E		O	E		E
	T	N	C		N		S
C	I	R	B	A	F	S	E		R	E	T	S	I	S
	D	O	O	H	I	L	D	N	E	I	R	F
E	M	O	C	L	E	W		P		T
	K	A	E	R	B	T	R	A	E	H		U
S	U	O	I	N	O	M	R	A	H		D
P	O	S	S	E	S	S	I	O	N		E

WEATHER
Puzzle # 32

A	R	E	D	L	U	O	B	C	B	D	I	F	F	Y
Y	N	L	O	W	E	R	Y	O	E	E	M
E	P	T	A	Y			O	A	S	T	I
D	T	P	I	M	K		L	U	E	A		L
	I	A	O	F	S	R		T	R	I			D
	V	R	H	R	I	A		I	T	N
	E	D	C	E	D	P	F		T
	R	Y		E		U
	G	H		Z	L
D	R	U	M	L	Y	E	E	T	E	L	T	R	O	P
N	O	S	A	E	S		N	D
S	E	T	T	L	E	D		C
	L	A	M	R	E	H	T	O	S	I
P	R	O	G	N	O	S	I	S
R	E	T	L	E	H	S	U	M	B	R	E	L	L	A

JEWELRY
Puzzle # 33

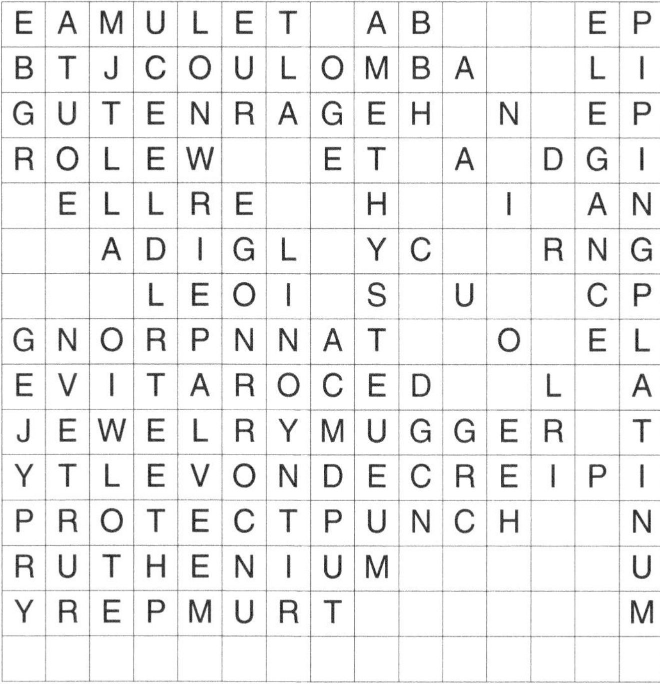

```
E A M U L E T   A B       E P
B T J C O U L O M B A     L I
G U T E N R A G E H   N   E P
R O L E W     E T   A   D G I
  E L L R E   H     I   A N
    A D I G L   Y C   R N G
    L E O I   S   U   C P
G N O R P N N A T     O   E L
E V I T A R O C E D     L   A
J E W E L R Y M U G G E R   T
Y T L E V O N D E C R E I P I
P R O T E C T P U N C H     N
R U T H E N I U M       U
Y R E P M U R T         M
```

PIZZA
Puzzle # 34

```
W R D   B   D R E T E M A I D
Y O U A   A E I E N O U G H M
  L H E M M L N S G L O B S O
  R C S N A S O T H E A T N
    I   S Y R T B E     A D
T N U A J I S G O O N   T O
      F   O U H P D D E
E S I W E K I L N P E P Y M
A I R E Z Z I P   N R R I E
A L L E R A Z Z O M O E I N
R E N O U N C E N     C M T G
T U O E K A T   A       E A
V I S I T A T I O N G
              E
                V
```

MOM
Puzzle # 35

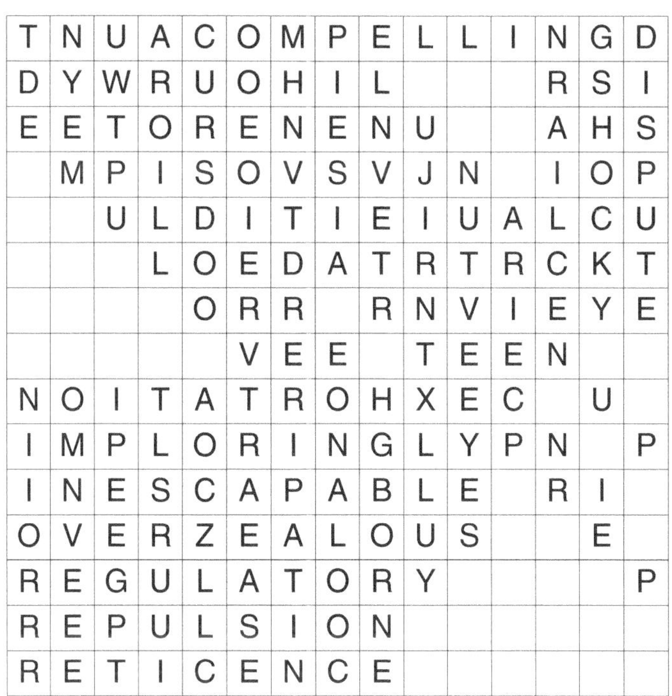

```
T N U A C O M P E L L I N G D
D Y W R U O H I L     R S I
E E T O R E N E N U   A H S
  M P I S O V S V J N   I O P
  U L D I T I E I U A L C U
  L O E D A T R T R C K T
  O R R   R N V I E Y E
  V E E   T E E N
N O I T A T R O H X E C   U
I M P L O R I N G L Y P N   P
I N E S C A P A B L E   R I
O V E R Z E A L O U S   E
R E G U L A T O R Y     P
R E P U L S I O N
R E T I C E N C E
```

INTERNET
Puzzle # 36

```
H I E L C I T R A   D G H C
T M N D E L M X B E I E Y Y
M A G O N M I     G O P B
L P   N I U I C   I C E E
    K   I T F R K   T A R R
D O T C O M C D C   A C L S
      A P O E W R L H I P
V I R A L H E O N O E E N E
J A R G O N W E R N R B K A
S E R V L E T E R G O C Y K
P H I S H I N G L I L C   C
R A B E D I S     G N L
R E G A N E E R C S O G O
  S U B S C R I P T I O N R
T I M E O U T         G   T
```

ELECTRIC BIKES
Puzzle # 37

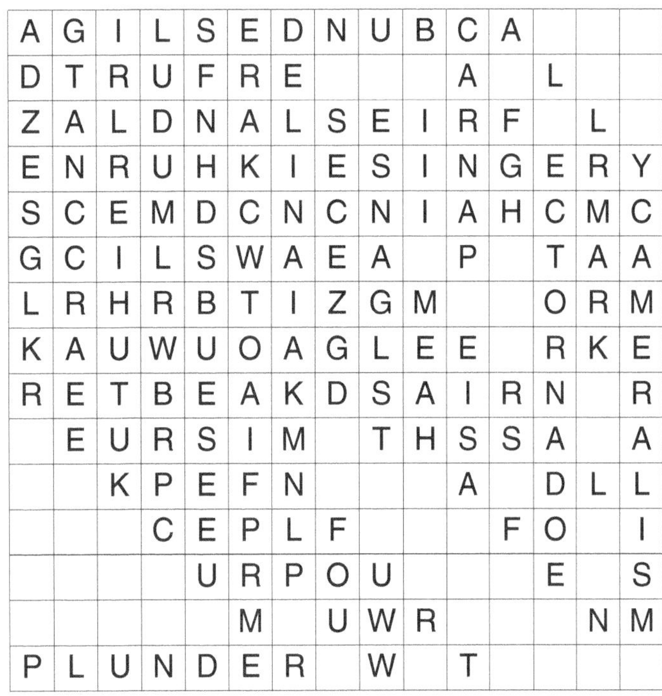

MOUNTAIN
Puzzle # 38

GERMANY
Puzzle # 39

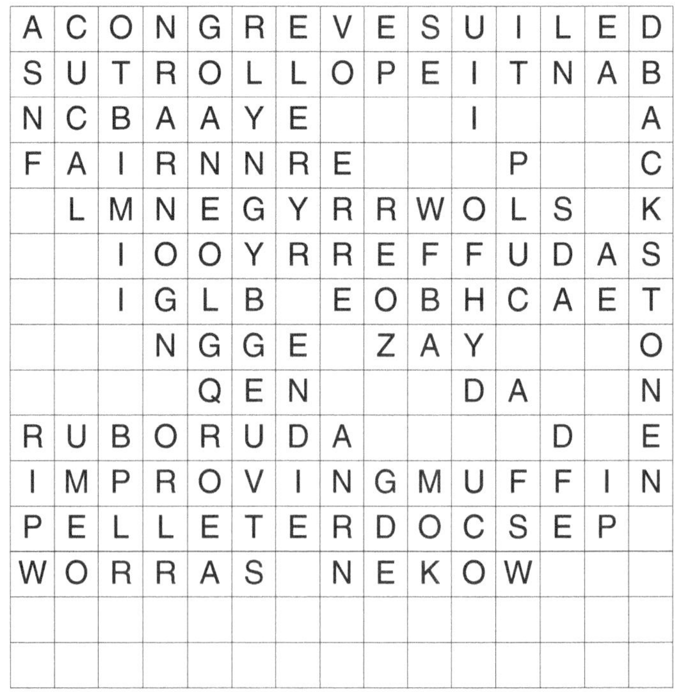

LEARN ENGLISH
Puzzle # 40

COLLEGE SCHOLARSHIPS
Puzzle # 41

L	E	L	L	I	V	R	E	M	O	S			R
A	L	A	C	A	D	E	M	I	C	A	L		U
D	D	E	A	L	U	M	N	I	T	E	D	A	C	S
C	E	M	W	A	L	U	M	N	U	S			H
R	O	O	I	N	K	H	I	G	H	E	R		E
R	E	M	C	S	A	N	P	R	O	V	O	S	T	E
N	E	H	M		S	R	U	S	U	B	J	E	C	T
	I	G	T	E		I	C	L					A
	K	A	A	N		O		F			V	B
	S	N	F	C		N				A	A
		A	S	E	R	V	I	F	O	R	R
		M		M				S	D
	Y	C	N	E	D	I	S	E	R	P		I	E
L	A	P	I	C	N	I	R	P		N		T	R
S	O	P	H	O	M	O	R	E			T		Y

TABLE TENNIS
Puzzle # 42

B	I	T	Y	O	B	L	L	A	B		D		R
U	R	N	N	C	D	I	N	E	T	T	E	O	I
F	E	E	A	E	O	E	I	G	H	T	E	E	N
F	M	I	T	H	M	M	S	E	V	I	F		G	G
E	Y	U	G	T	G	U	M	G	I	M	E	L	G	T
T	Y	R	I	H	U	F	G	O	K	I	L	L	I	E
O	E	O	E	N	T	B	A	R	N				T	N
	G	N	B	L	I	H	N		A				N
	N	O	W	L	E		E					I
		O	L	O	A	T	R	E	S	T	L	E	S
		M	L	L	G	S		T				Y
			A			N		R
			P			I		I
Q	U	A	D	R	I	L	L	I	O	N	E		H
T	E	C	H	N	E	T	I	U	M				T

HOSPITAL
Puzzle # 43

M	S	I	C	I	T	I	R	B	A	G	C	S	U	L
S	D	R	A	W	E				C	O	A	W	N	A
P		M		C			U	O	M	I	I	Z
I	N	C	P		E	I	R	T	D	P	V	T	A
T		O	H		W	C	P	E		U	E		R
A	D	M	I	S	S	I	O	N	S	H	S	L		E
L		M	T	T	E	L	R	D	A	O	T		T
H		I	H	N	A	A	A	E	N	L	H	O		T
O		T	E		E	V	R	T	T	E	U		R	E
U		M	A		M	A	M	R	T		B		B
S		E	T		W	R	A	I	I		M
E		N	E			O	G	R	N	L		A
		T	R			D	G	K	E
N	O	I	T	A	D	N	U	O	F	N	A
Y	N	N	H	O	J	R	A	L	U	G	E	R

SOLDIER
Puzzle # 44

E	H	C	O	B	D	G	U	E	S	C	L	I	N
M	D	R	U	M	S	E	I	T	U	R	B	I	D	E
R	I			A	D	V	S	E	V	E	R	U	S
C	E	E		M	R	R	E	C	N	A	L
E	I	T	H		M	A	P	A	R	T	I	Z	A	N
N	Z	T	U	R	Y	G			E
N	A	I	A	O	E	O	B	I	V	O	U	A	C
	A	M	L	T	C	N				X
	M	T	I	I	C	N	D	N	A	M	M	O	C
	N	O	B	O	A	A		M
	W	O	O	N		M
	O	F	M	A	N	S	L	O	T
	G		E
R	E	I	D	A	N	E	R	G	D
T	A	O	C	Y	E	R	G	P	R	I	V	A	T	E

ANT
Puzzle # 45

A	S	I	U	G	U	M	A	R	B	E	A	R		
M	D	U	T	E	G	N	I	R	A	E	B		B	
A	C	O	G	N	R			E	V	E	R	B	R	
Z		A	P	R	A	O				B		A		
O			S	O	A	L	B				T	I		
N			T	R		I		C	O	L	O	N	Y	
	M	U	I	R	E	H	T	A	G	E	M	F	W	A
D	U	L	O	S	I	S	T		S			O	O	T
N	I	L	O	G	N	A	P	R		S		R	R	H
F	O	R	M	I	C	I	N	E	A		A	M	M	A
M	U	I	R	O	T	A	D	U	X	E		I		L
N	A	R	E	T	P	O	N	E	M	Y	H	C		L
M	O	N	O	T	R	E	M	E				A		I
S	U	O	M	O	D	Y	L	O	P			T		U
N	E	E	U	Q	W	O	R	K	E	R		E		M

MAGIC
Puzzle # 46

D	T	H	T	S	I	T	P	E	D	A	W	A	N	D
I	L	A	T	R	A	E	P	P	A	E				
A	F	I	O	O			S			L	B			
B	F	A	H	I	H			I			I	U		
L	J	A	I	N	S	T				C			G	N
E	U	N	S	R	U	M					R		I	K
R	G	N	O	C	Y	R			G	N	O	M	E	S
I	G		A	I	I	T	B					X		
E	L			I	T	N	A	K	I	T	C	H	E	N
	E				G	A	A	L	P	O	W	W	O	W
T	A	N	T	R	A	A	T	T	E	W	I	T	C	H
							M	I	I					
S	P	E	L	L	W	O	R	K	V	O				
K	N	A	B	E	T	N	U	O	M	E	N			
T	H	A	U	M	A	T	U	R	G	Y	L			

BIRD
Puzzle # 47

E	L	L	I	B	D	D	A	W	A	R	C			
E	I		L	R	U	O	I	G	N	I	L	R	O	G
	E	R		I	E	L	O	V	N	L	O	O	M	H
		W	E		B	K	B	R	R	I				O
			E	A		T	C	U	B	O	T			R
E	M	U	L	P	E	D	A	U	L		C	O		N
A	E	R	R	U	M	M		L	S				C	B
	N				A			F	T					I
		A				G				A				L
			C			G	M	A	R	A	B	O	U	L
				A		I	E	L	O	I	R	O	G	
					J	E	T	O	L	A	D	R	A	P
Q	U	I	L	L	W	O	R	K	S	Y	R	I	N	X
R	A	I	L	B	I	R	D							
S	C	A	P	U	L	A	R							

CAT
Puzzle # 48

H	M	E	A	E	E	C	A	R	E		C	G	D	K
E	A	S	T	L	R	L	F	I	L	M	A	A	E	I
N	L	L	A	A	S	E	B	O			R	S	T	T
Z	T	I	D	H	N	O	H	A	U		E	P	E	T
E	E	O		A	C	I	E	W	D	S	S		R	E
	S	N				O		M	L	Y	D	S	M	N
S	E	W	A	E	M	L	P	O	Z	N	I	A	I	I
C	A	T	B	O	A	T	U	I	B	Z	A	B	N	S
A	T	I	P	S		W	S		H	A	U		E	H
N						O	S				W		M	R
N	S	I	S	A	I	R	A	C	O	X	O	T		
E						L								
R						D								

EXERCISE
Puzzle # 49

```
Y E K A I S E R C F T R
M H H N         S O R P H I
D S P T I       K N E     E G N
    I I O A P     I S E D       T I G
      S T R E S L T W P A T S L
        P O T R L R R R       R
P U S H U P A B U I O       A A
                T S     E T L V M V P
L Y C E U M A E     I U O P U W
                T D N S L O L E
S A L U T A R Y I G I I L G A
E L D D A R T S     O O T I U R
E C N E G I L L E T N I N S
R E S T O R A T I V E O E
K C I T S E L G N I S N
```

CHILDREN
Puzzle # 50

```
M U R I L L O E B L O O D     C
F D L I W H       V C E         H
    R           C         I R W   A
T N E D E C E T N A T O O       R
P I     T     G O C A R T P S B M
M U S K I D F L I C K     O S
I P O S P L A Y G R O U P D
S E M R U E L I R E U P S       A
O K U U C E Q U I N T     Q
P K C G P T R U A N C Y U
E     C A O             A
D       O S R           B
I       T G N I G N I R B P U
S       S               L
T                       E
```

SOUP
Puzzle # 51

```
A E B O R S H C H B M A L C K
E N U D A S H I     R R A       A
E L A Q P O T A G E E R E       L
S R O L S     N     A D O     R E
K O U R O I     I     D U U     C
    A U B E G B     H S C X
    E P R S G R A T E F U L
T     T Y A S G N I L P M U D
    N     S     G A     C
T N E L U C S E C K
        G E N E L I R D A M
          I E G A T T O P
          D S O U P B O N E
W O N T O N N S W I F T L E T
                I
```

PUZZLE
Puzzle # 52

```
E L F F A B U N Y A D I Z Z
R E S A E T N I A R B O
C A T C H Y E N O D         I
E O M H T I R A T P Y R C N
O X N A P Y M Y T S A N     P G
E R P N R I L Y R R         O R
T S U L E G R L S E A       S E
T I O K I C O G A T E C     I S
E S W P A C T G O T I U K N O
    L I E     K A     O G N F Q G L
        D L L     T     L O E Y L U
        D Z Z     E       L M Y T
        I Z Z T A N G R A M I O
          R U U             O
            P P             N
```

BEAUTIFUL SCENERY
Puzzle # 53

```
D E G A Z E B O   C C K A M A
T E P K O P E R A A H   R
  E I O I         R R O P A
H S O T I T       N Y N I P L
  C U P U L S     A S O C R S
L   A T D A L C   T O M T O T
  U S E I E E A H I P A U T A
    F U P R T B C O R T R H R
    E O   T O   N A O E A L
C O I N C I D E N T S M   L E
        A C   D A E A   A T
        R A       T N   M
N R E T T A P G R     I   I
L Y R E B I R D   G   A O O
Y N O T O N O M       N
```

BASKETBALL
Puzzle # 54

```
B D R I B C H C T A C T
E Y     A R       R F F H
S N G     G E E     A L   E
T D O O   E J L T   M O   S D
S   I I L R I R B N P P   I R
  U   S S O T R E B E     T E
    O   C R T E E P I C   A V
    I   E E E E B M R     T E
      N   R V K R O U D E R
        O Y N N C E U J     S
        M   I O A F N     E
N O S N H O J R   B C R E D
S D N U O B N I A   L   B R
N O I T I S O P   H   E
E L B A R T E N E P
```

SILENT MOVIES
Puzzle # 55

```
G E D N O L B C Y R A E R D D
E I P E V I T A R A P M O C I
D V S O K M       Y         R
W A O H C I A C I H P A R G T
D A E R P S T L     T       Y
  N L T P R A S L M U M P S S
  A T S P O M C           C
    T U N A F E H T O O S U
    S O I S A N L         T
E C N E L I S   I N I O   T
D E T N A H C N E D I C C L
O B J E C T I F Y     T K E
R O T C E J O R P     Y
T N E L O I V
V I S I B I L I T Y
```

MODEL TRAINS
Puzzle # 56

```
W A H S D A R B S E V E E J
O A T H L E T I C S T E E L F
Y L R I N O I T A N I B M O C
H L L A S D O L L Y H E A D T
E N D O L O A D S T A R     E
L P A D P P E Z A M N A V Y R
I A O M U A M E S O P   I   M
O R C I S C H E       C   I
C   E O N T K C X       T   N
E   T L T N R T E       R   A
N   T   I U O I         O   L
T     O   N H W W       L
R       P   G   X S A
I           S     A
C E Z I L O B M Y S     W
```

SOLAR ENERGY
Puzzle # 57

POTATO
Puzzle # 58

EVENT
Puzzle # 59

BOAT
Puzzle # 60

WOLF
Puzzle # 61

L	E	H	S	I	F	T	A	C	E	H	L	S	W
Y	L	N	S	U	P	U	L	O	Y	U	O	O	O
C	D	E	I	E					N	S	N	N	L	L
O	J	I	D	N	N			T	E	T	E	I	V
S	Q	A	G	N	A	I		I	L	E	N	T	E
A	R	U	C	I	E	C	P	N	L	R	E	A	S
E	E	A	I	K	T	R		U				R	I
I	T	L	V	C	A	I		A	L			Y	E	F
	B	A	T	E	K	L	G	L	W	O	L	V	E	W
	B	L	T	N	L		R
	A	U	I	I	Y		A
	Y	L	H	N		D
	U	W	G		E
U	N	N	A	T	U	R	A	L	L	Y
W	I	T	H	S	T	A	N	D

SHIRT
Puzzle # 62

P	K	E	S	U	O	L	B	A	S	I	M	A	C	D
U	T	I	L			R	L	P	I				I
N		A	T	K		A		O	E	T			C
J		E	A	N		W		U	E	S		K
A		H	B	I	N			S	K	U	Y
B			C		R				O		K
I	K	N	I	L	F	F	U	C			R	N	T
K	U	R	T	A	T	I	F	T	U	O		E		W
T	E	K	C	A	J	R	E	B	M	U	L	V		O
E	R	O	F	A	N	I	P		E		E		F
L	L	A	F	T	A	R	P		E		A		E
P	S	Y	C	H	E	D	E	L	I	C	R	L		R
Q	U	A	L	I	T	A	T	I	V	E		I
S	L	E	E	V	E	L	E	S	S		N	O
K	C	E	N	E	L	T	R	U	T		G		S

PACIFIC
Puzzle # 63

A	A	C	H	I	L	E		K	W	Q	D	R	S	S
J	R	I	S		J			O	I	U	I	A	E	U
T	A	U	N	U		I		D	L	I	C	R	W	R
N	I	L	T	R	L		F	I	L	L	A	O	E	M
S	O	R	I	N	O	I		A	O	L	M	T	L	U
	U	T	A	S	E	F	G	K	W	F	P	O	L	L
	N	S	Y	C	V	I	A		I	T	N	E	L
		A	R	A	O	A	L	M	S	O	G	L	E
	W		R	E	N	T	N	A	H	D	A		T
	S	C	A	T	R	M	K	U	E	C	O	N
H	S	A	W	I	S	E	L	O	B	U	N
D	O	C	M	O	T		S	A	O	I	B
G	E	N	T	L	E	A		P	N	L
G	N	O	R	A	S		K		S	A
	H	A	R	L	E	Q	U	I	N		H

WILD
Puzzle # 64

B	S	U	O	R	A	B	R	A	B	D	R	A	N	K
Y	A	H	S	U	R	B	K	C	U	B	F	H	R
N	R	C	K	L	A	W	H	S	U	B	L	O	E
M	O	R	C	D	E	B	A	U	C	H	A	P	D
T	U	I	E	H	O	K	A	L	E		G	P	E
	H	I	L	B	A	M	D	E		G	E	L
		G	R	E	K	N	E	E	L		E	R	E
			I	I	D	C	A	S	G	B	R		S
S	T	O	O	L	L	N	A	L	T	G	A		S
			F	E	A	L	I	I	A	P
G	R	A	Y	L	A	G	D	D	B	A	C	R	O
Y	G	A	H	P	O	C	Y	M			A		R
Y	C	N	A	P	U	C	C	O	E	R	P		T
R	E	C	L	A	I	M	S	H	R	I	E	K		E
S	E	R	A	G	L	I	O

FITNESS MOTIVATION
Puzzle # 65

```
A B Y R E N O I T I D N O C
N Y E F D T E G D U J P O O R
I   C A I E I M Y T I S E B O
M     A T T R S O N I A R T
U       R E R I I R E
S         I N E P U A S
U N K E E N P   C S Q L R
T P I E C E R S     N X I O
  S I T I R O I N E S I E T W
  H E A V E N H O O D       Y
E C N E R E F E R     C
I N T E R N A L I S T
L A U X E S O D U E S P
E T A V I T O M E R
T R I M M I N G U T I L I T Y
```

SCHOOL
Puzzle # 66

```
A M U E A N E H T A B C P T
G L I   X C K N U L F R R R
G   S L   E   T D F   E E U
I   O I R A   I O   D S A
E     R T   T   U W I C N K
F L A M E I A   N Q T H C
K H O J A F D R   D   O Y
T H I R D I T O Y E   O
      C   O I R     L
S I C K B A Y   P R O   E
      T       P E T R
      S E N I O R E P U
R E G O L O I S Y H P R   T
P R I Z E G I V I N G
S C H O O L K E E P E R
```

GOLF
Puzzle # 67

```
G B U N K E R D   M T F O L P
  A H O O P T   I U   E S S U
    W O C S L I   N   S H P L
      G L C L A N I G C O R L
F R I N G E U E Y I   U O I S
Y R E L L A G P N S F E T N W
D A E T S N I T A   H E   G I
P I L L T T U P U T   A D   P
T H R E E S O M E R I   F   E
T H G I R P U       F O   T
W A G G L E         N
```

GARAGE SALES
Puzzle # 68

```
K D   A P A R T M E N T   D F
O A L   S C R U S P M O C O U
  F Z O   C A E O E R A D W N
    F U G O R T T L     N C
    S M U   E C N O     T T
P     E N     W H U C   U I
O I L Y   T R O H S P H   R O
  H     I G A R A G E   N N
    S   N S H A R E   N   A
    R G M A I N T A I N L
L L A T S E R O F         Y
      L E T A T S E R
  I T I N E R A N C Y
S E L E C T O R E
G N I B R E V   D
```

BUILDING A HOUSE
Puzzle # 69

```
D   B N B E T C H A N T Y
  N O   A E L N Y D E L
      A   C M R T A R N C L
S K T L H   O M T C E U A A
  U R   E F I W D O O G O L W
D E M O L I S H R K B   G R P
R R T M W E   E O A R     O G
O O A A E E G   S U H A       D
O   O W M R M A   I S C W
K     D E E H A R   M E
E       T S S O R A   E B
R         U U U U F C   R O
Y           O O O S   I   P Y
              H H E   V
T N E M E L P M I
```

WINE MAKING
Puzzle # 70

```
S G R A V E S B O D E G A C G
T A       C H A R N E C O A E
C N L       W S   G   S T C N
C L E E G N I T A O C H A C E
M O A M S   N A   B   E N I R
  U O R R S O R   L   R N A O
  T L E E A D   E   R I T U
    E E T T H G T   Y N O S
R H Y M E R Y T C N     G R
      C A R P E T I N G E
G U E S S W O R K B   T
L I B A T I O N       A
M U S C A D E L       E
O E N O P H I L I S T     S
C I F I T N E S E R P
```

CARTOON
Puzzle # 71

```
E A N T A G O N I Z E B   E I
B Y A N V I L B A T M A N P R
H E E D E F L E C T   C   U A
  S M P E S I P S E D K   R T
    I U O D O R K   T P   E E
      N S P E D       A
E L G O O E   R       C R
        O D   I     K   I
E P O C S O T O R T       P
        G E R R Y M A N D E R
    I L L U M I N A T I O N
E C I P I C E R P C
P A S Q U I N A D E
S C A B R O U S
S E N T E N T I O U S
```

MAKING WINE
Puzzle # 72

```
M A R C S O A V E L T T O P
G G C E T S A T R E T F A
Y N N T C O M M E R C I A L
G R I I I F E C A R
S N O M T V R L I E R A U Q S
Y I I T O N A I L F O       V
R E L S A O U T Z A I N     I
A   T E S S B B I Z T B I   N
C     I N A N     O A S U V I
U     H T R E     N N     R F
S       W L R P       T   Y
E L I T X E T Y A M       E
S T R I D E N T     B O
S S E L E N U T     M C
    R A L U C A N R E P U S
```

BEAR
Puzzle # 73

```
L E U M A S A F F O R D
S E L E N A R C T O S
B S R C F H G E H F O S T E R
Y R E E U U S G V U R E F E R
T V E N B T Z R R O R
  O A A H   O Z A I L L       H
    H E S S     V Y H E C I O
      S H T I     E         V       S
    L U F T I U R F R         E T H
E R U S O N Y C A       B         I
K C O L M E H         E   E     L
I M P L I C A T E       B   N E
M A G N A N I M I T Y       A
D E V E I L E R
S A X I F R A G E
```

ELEPHANT
Puzzle # 74

```
N A I P O I H T E M             H
S T I B A H O C     E     H     A
L O     E L E P H A N T I N E R
E A R O B M U J       O O P O V E
    D C I H S         T R P L U M
      I E C T E           Y T O I V
        R F I O A         P O P P U
T U O H A M D M L H I O H Z
I V O R I E S A M L S T A E
K O O M K I E       E A E A N L
E D A R G I V A R G M M T A
M R E D Y H C A P K       U
Y R T N A E G A P       S S
E L B A L L Y S             U
N I P A R R E T       W H I T E
```

SMARTPHONE
Puzzle # 75

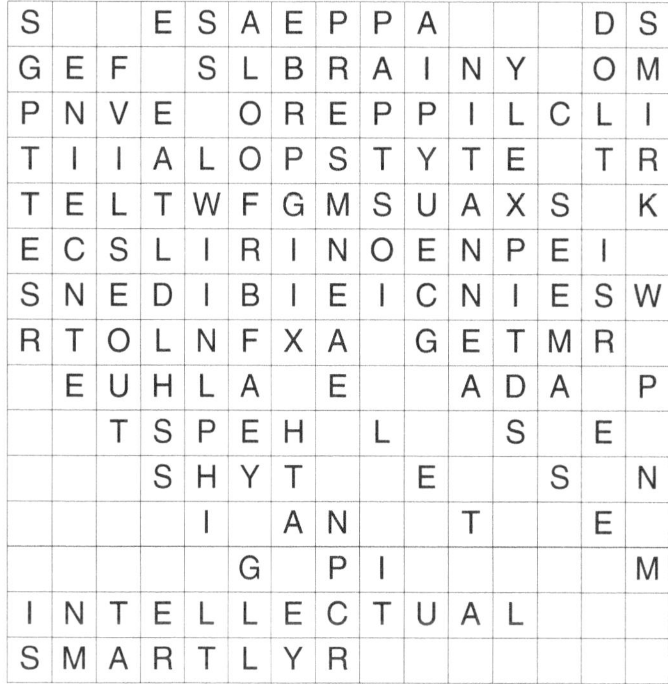

```
S       E S A E P P A             D S
G E F       S L B R A I N Y       O M
P N V E       O R E P P I L C L I
T I I A L O P S T Y T E         T R
T E L T W F G M S U A X S         K
E C S L I R I N O E N P E I
S N E D I B I E I C N I E S W
R T O L N F X A       G E T M R
    E U H L A     E     A D A       P
        T S P E H     L     S     E
        S H Y T       E     S     N
            I     A N     T     E
                G     P I           M
I N T E L L E C T U A L
S M A R T L Y R
```

STAMP COLLECTING
Puzzle # 76

```
D     N E G A L E R U B         I
G N     G     G C E S S P I T     M
E N A H I I T N U O C S I D P
G G I R O S R E L L A F P     R
L O U L B T E V A R G     R     I
O A V O E L C K R O W G E L N
M     B E G G L H P R I E S T T
N     E R     N E P           S
I         L N     A W O       U
B L O O T     M     H S T       R
U L A N O I G E R C         E
S     H E A D H U N T I N G
R E S E A R C H     T
P R O V I S I O N A L
T R A M P L E
```

WEB DESIGN
Puzzle # 77

```
M A E B G   N D E S I G N D K
M Y S A P O   A A       W E N
E C N A G E L E E M     I L O
    L       B Y M A   K I W
S B M U R C D A E R B S I C I
M P     F M E S H W O R K A N
P I E   N   N   L   T   C G
A   C L   G L   A U   S Y
I   G R I S A I L L E F   I
N     O C     S I   M L   H
T     S A     E X       I
      C N       D E       W
  E M M A R G O R P     V
Y R T E K C O R P
S U N B U R S T   Y
```

TREE
Puzzle # 78

```
H E A D T A U S U B O D     H R
  P S T F L F O L I A G E   I
E   P K H U I L P     D   M N
L V L   A E N W A E   D   L G
  E E     U N O S F A O     O
J A R R A H R   C     C   C
    U G     I   O   K H K
G     A R I N D   C
N N     L E D O O W N O R I
P A I D O O W E N I M S A J
Z L T N     N X E T I V
  U U U U T R E E L I N E
  C M O M
    H   M A
      E     K
```

CALENDAR
Puzzle # 79

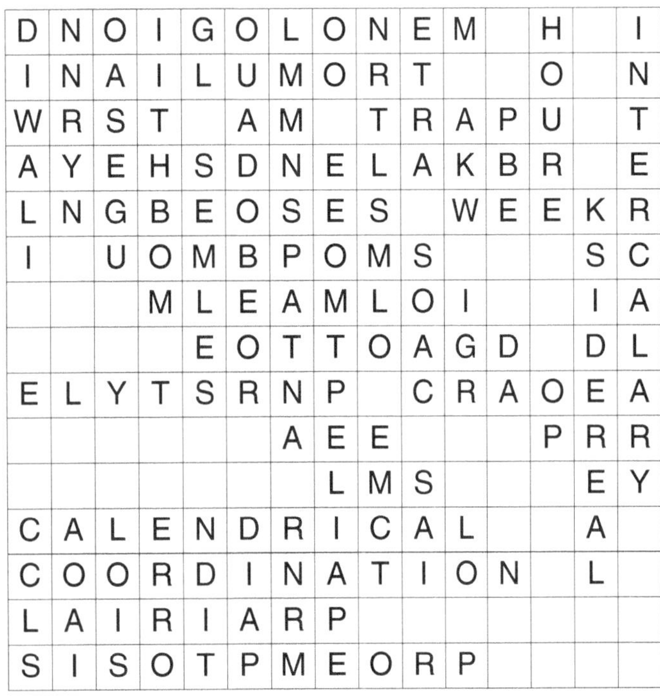

```
D N O I G O L O N E M   H   I
I N A I L U M O R T   O   N
W R S T   A M   T R A P U   T
A Y E H S D N E L A K B R   E
L N G B E O S E S   W E E K R
I   U O M B P O M S     S C
    M L E A M L O I     I A
    E O T T O A G D   D L
E L Y T S R N P   C R A O E A
      A E E         P R R
      L M S         E Y
C A L E N D R I C A L   A
C O O R D I N A T I O N   L
L A I R I A R P
S I S O T P M E O R P
```

COFFEE
Puzzle # 80

```
O A O T A G O F F A G E N D A
B N R C N C O N T I N U O U S
E L A I A O E L B U O D     T
D T E C E F N S R T P E R T E
G   A N I R E A D E H E     A
Y     T D R E N C N T G R   S
R I N G S   E P E T U A I K P
I       E   M   H O O E L O
A N E C N A R G A R F H R H O
  T F M U S A N G       S G N
  S U N O I T A T N A L P
    U S D E R E T L I F N U
      B I
      O O
      R N
```

MONKEY
Puzzle # 81

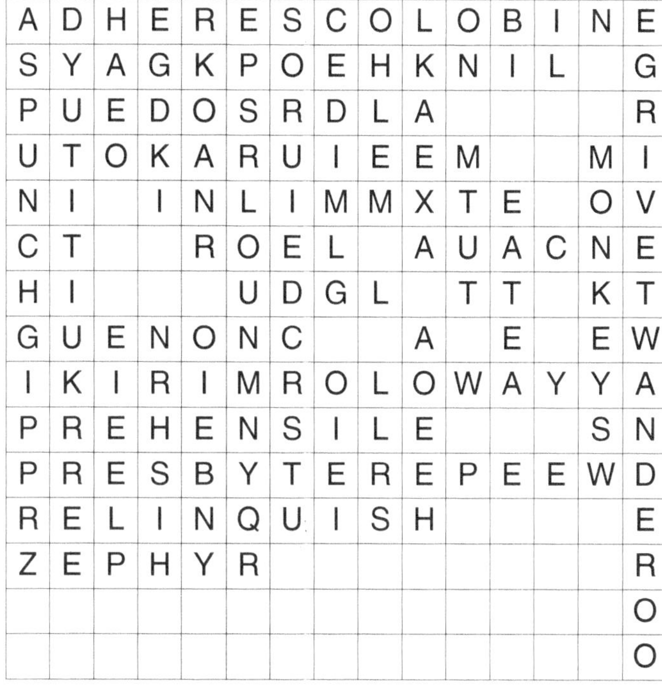

```
A D H E R E S C O L O B I N E
S Y A G K P O E H K N I L   G
P U E D O S R D L A       R
U T O K A R U I E E M   M I
N I   I N L I M M X T E   O V
C T   R O E L   A U A C N E
H I     U D G L     T T   K T
G U E N O N C     A     E W
I K I R I M R O L O W A Y Y A
P R E H E N S I L E       S N
P R E S B Y T E R E P E E W D
R E L I N Q U I S H       E
Z E P H Y R           R
                      O
                      O
```

ANTI AGING
Puzzle # 82

```
A A K E B T F O O T   J N A G
      T N E P I R   A U N A
      F A S C I S T Y R T R
        G   O     H E I R
D I C A T N A N   X   A M P I
M O N A R C H I A N E W B Y S
Y D O B I T N A   R   K E R O
R E K R A M O I B   I E R E N
C O N S I G N M E N T R G T L
B E N Z A L D O X I M E P I A
C I T A R C O M E D   R U C P
E N F E E B L E       I N   S
N E C R O B I O S I S P K   E
P A C I F I S T     E
K R A U Q A T N E P
```

GERMAN SHEPHERD
Puzzle # 83

```
K R E N H C U B N N A W H C S
E C T E L H C I R I D     E Y U
B D R   R D A S W I S S G I M
U M E A   E O R T X E T E D L
  A A H M M T J N E     L D A
    R L C S A A O A I     I I U
      F   S I R C O C N A S T
        N B C A K K N H
      N I R G N E H O L C
L U F T W A F F E   B   U
Z U E R K R E T T I R R   C
E K H C S T I E R T     U
C I H P R O M O T U A     N
L A I T N E T S I X E       N
S A U E R K R A U T
```

HOLIDAY
Puzzle # 84

```
H K C O R N D H O L S B C   V
C A M P E R O R     E A   A
    K   L T L I A     A T   L
      K   A A A S C   C T   E
        U   I R T N   H E   N
M U C O L N   R B S E Y R   T
  G N I P M A C E E E C Y   I
E C R E O C P H E F L F S   N
N O I T A C Y A D D   E   A E
O V E R B O O K R   A   C
A R E I V I R     T   R
E D I S A E S       A   A
Y A D I L O H T S O P K   P
G N I E E S T H G I S   E
T O U R I S T Y A D Y K R O W
```

SUMMER
Puzzle # 85

```
B A L D E R N A M A D A V A T
C A L A I T D O B L A N D
O R D M N S A N S Q U E N C H
M D O M I I C L A E R Y P M E
E H R P I S R O D H G R O L L
T L O A   N I I L R M R
U   B M O   T T U O A R A
P   A E B   O I Q R C A S
I   H S E   N T     A F
K     G I R   S     L
L A T N E R U C I     A     P
      A K F     M
M O S Q U I T O L
K C E N T H G I A R T S
W O L L A F Y R H T
```

WINE
Puzzle # 86

```
B A C C H A N A L I A D T E S
  G A L A S R A M   I R X U
C O D E U G N A L       O E P P
D R A C N Z A R I H S N B A E
H S U L B A B R A N D Y B N R
E C Y P T H G Y     S I S N
T R A A S E O R T   U A I A
A   O V N I M C A R   S N V C
Z   T A N R U K G O   O E U
Z   A   O C F A   P     L
A     I   D   M     A
Y E N M U R C   R     O     R
N O O G N A L C   A   R
N O I T A L B O A   H     E
S I L L A B U B   C   C
```

FUNNY
Puzzle # 87

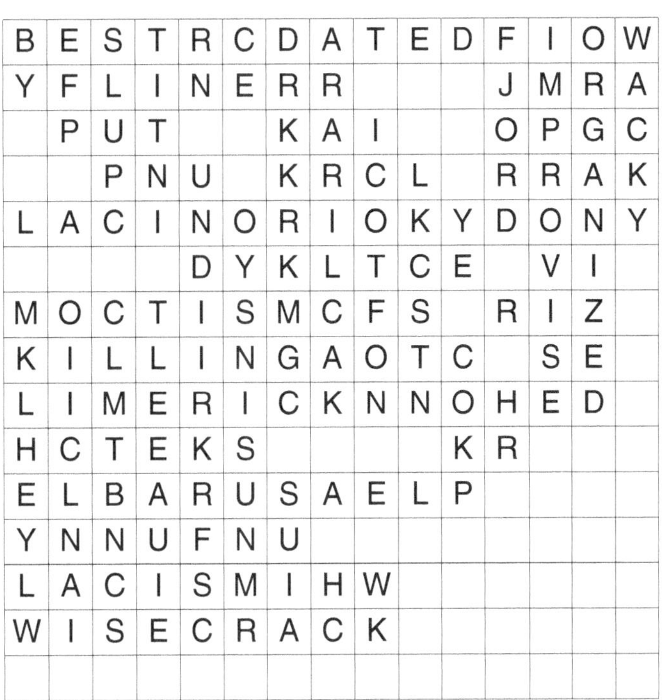

```
B E S T R C D A T E D F I O W
Y F L I N E R R       J M R A
  P U T   K A I     O P G C
    P N U   K R C L   R R A K
L A C I N O R I O K Y D O N Y
    D Y K L T C E   V I
M O C T I S M C F S   R I Z
K I L L I N G A O T C   S E
L I M E R I C K N N O H E D
H C T E K S       K R
E L B A R U S A E L P
Y N N U F N U
L A C I S M I H W
W I S E C R A C K
```

HEALTHY SNACKS
Puzzle # 88

```
C M U I C L A C B U R E H C G
Y I G E H H Y K C I D   Y R A
L S L N T S O D N     D O M
P O P O I A U W R O     R U E
  R O E H L D L   A S   A T L
  U K L O I I F   H H T E Y
  N   A C A R O T T E N
W E L L E   T L F O     R
A R T S E L O A A   U
E M O S E L A H C     L
M I C R O F L O R A     F
E L I T R A U Q Y N W A R C S
E N I M A I H T
E M O S E L O H W
```

FISH
Puzzle # 89

LOVE POETRY
Puzzle # 90

SHARK
Puzzle # 91

KIDS
Puzzle # 92

FOOTBALL
Puzzle # 93

K	G	H	T		C	L	E	A	R	E	D	I	W
N	C	A	O	N	H	K	C	A	B	K	C	A	R	C
G	O	O	T	M	E	P	C			P	H		S
A	N	I	L	E	E	M	R	A		O	E		N
L	T	E	S	B	R	C	O	O	B	O	A		A
A		O	E	S	N	E	O	F	M	L	D		P
C			O	R	U	O	C	M	E	E	L		P
T			H	C	C	I	A	I	L	D	U		E
I				S	S	N	T	R	N	B	I	F	R
C	P	E	L	T	E	R	S	O	A	R	G	E	O
O	R	E	L	E	A	S	E		C	G	E		R	S
E	S	R	E	V	E	R				E	T		T
V	I	S	I	T	O	R	B				L		
					E					E			
						Z						R	

MAPS
Puzzle # 94

F	H	Y	H	P	A	R	G	O	T	R	A	C	C	K
I	E	Y	N	C	F	R	E	E	B	I	E	O	O	N
L	V	M	D	O	O	Y	R	E	V	I	R	M	P	E
O	E	G	S	R	I	S	H		L			P	Y	E
F	L		R	I	A	T	M	P		A		A	R	B
A	I			A	H		A	O	A		C	S	I	O
X	U			P	P		L	G	R		S	G	A
	S	Z	O	N	E	H	R		L	R	G		H	R
N	A	V	I	G	A	T	I	O	N	O	A	O	T	D
L	A	C	I	T	U	A	N	C	M		C	P	R
K	O	O	B	E	D	I	U	G	A	O			H	O
P	A	N	T	O	G	R	A	P	H	C	D			Y
P	A	M	O	T	O	H	P				Y	N	
P	R	E	D	I	C	T	I	O	N			E	
R	O	Y	E	V	R	U	S						

POLICE
Puzzle # 95

P	Q	U	E	S	T	U	R	A	C	O	U	G	H	T
A	S	R	D	E	A	D	D		A	H				W
	C	N	E	R	M			I	R		A			O
	P	C	I	P	A	R		A			R		C
	U	E		P	L	A		B	R			G	
		E	S	I	O	U	D	I	H	T	A	L	E
		N	S	N	C	C	N				O	S
M	R	O	F	N	I	O	T		I	E		C	Q
K	E	T	T	L	E	L	R	E	E	T	G		K	U
E	R	U	C	E	S	N	I	Y	R		R		U	A
D	A	E	H	T	A	E	M		E	V		A	P	D
E	R	I	A	S	S	I	M	M	O	C	I		P	D
S	R	E	T	R	A	U	Q	D	A	E	H	E		E
D	E	Z	I	R	A	T	I	L	I	M		W	R
S	U	R	R	O	U	N	D						

QUIT SMOKING
Puzzle # 96

N	W	O	L	L	A	E	B	E	K	C	U	R	E	D
B	O	T	H	E	T	N	R	A	T	L			I
S	A	I	E	C	L	I	O	A	C	O	A		V
M		R	T	M	U	T	B	S	W	C	L	H	A
O		B	C	U	A	T	A	A	A	Y	B	C	N
K			E	I	L	B	O	H	E			
E			C	D	A	E	D		S			
E	C	I	T	O	N	U	D	C	D			
E	K	A	S	R	O	F	E	A	E	V	L	E	H	S
C	O	R	R	E	L	A	T	I	O	N			T
L	E	U	K	O	P	L	A	K	I	A			R
H	S	I	U	Q	N	I	L	E	R			I
S	M	O	K	E	S	T	A	N	D			K
N	O	E	G	D	I	W					E
W	I	L	L	P	O	W	E	R			

WOMEN
Puzzle # 97

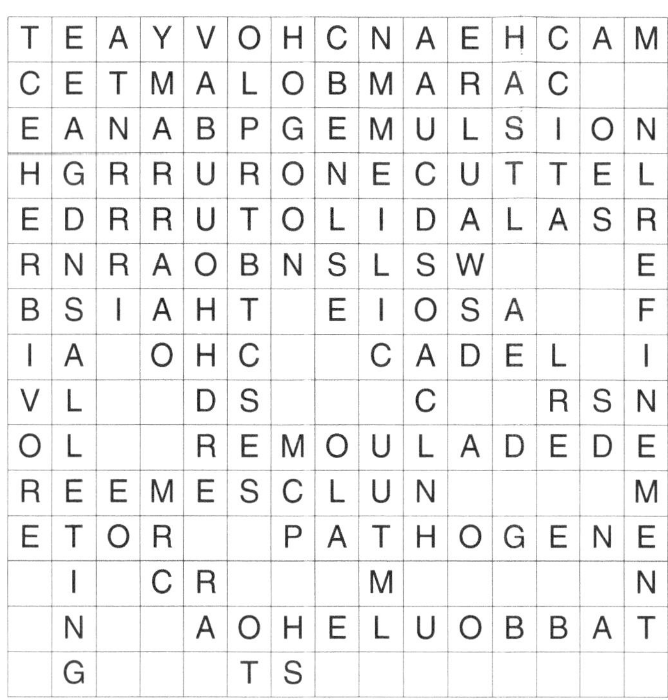

```
B H L A N O I T A T S E G   L
U S S M Y I D N I K Y D A L O
S M C A O R M   C         N Z
K A I I G P O M   U     I E
I N   A R   L I I   B     G N
N T   K T   A R W   U   H G
  E T A N K A   H P     S T E
  E G N I L L I K Y D A L D
  L N U B I L E N       R
E T O G N I D E R Y       E
S C I R T E T S B O G     S
M U L I E R O S I T Y     S
T E H I N N A H T O A S T E R
E E P O L L O R T V I R T U E
U N F E M I N I N E
```

AIRPORT
Puzzle # 98

```
C G K E N N E D Y A I R W A Y
R A S I A S P H A L T B R U C
O T N T V C M O O R K C E H C
Y W E N A A H R E D N A G
D I D C O N L A G L I T C H
O C P N A U S F N P U K C I P
N K P O U R N T E N T R O P
    C R P O G C E K E
      A O U B   E D   L
        T D L N R E S U L T
H C R A E S U O I S K Y C A P
Y E L L O R T C U W E I G H
                E S
```

SALAD
Puzzle # 99

```
T E A Y V O H C N A E H C A M
C E T M A L O B M A R A C
E A N A B P G E M U L S I O N
H G R R U R O N E C U T T E L
E D R R U T O L I D A L A S R
R N R A O B N S L S W       E
B S I A H T   E I O S A     F
I A   O H C     C A D E L   I
V L     D S       C     R S N
O L     R E M O U L A D E D E
R E E M E S C L U N         M
E T O R     P A T H O G E N E
  I   C R     M           N
  N     A O H E L U O B B A T
  G       T S
```

TELEVISION
Puzzle # 100

```
V A N I M E C A T C H Y     D
  T X D F R L E T N   S     I
    A O R O E B K P E   I   D
      M B A R F A A M M   D D
L A I C R E M M O C M O M   L
F R O S T   L A A O       R O E
G R A P H I C G   T D     P C
N E E R C S     G         R T
  L A I C R E M R O F N I O E
N E W S C A S T E R G     G L
Y R E P R O D U C E       R L
  A N O I T U L O S E R   A Y
  L S C R E E N I N G     M
    E                   M
      R                 E
```

Thank you for purchasing our
product!!
Your feedback is highly
appreciated,
so please let us know how you
liked
our sketchbook at:
anishkmarket@gmail.com

www.ingramcontent.com/pod-product-compliance
Lightning Source LLC
Chambersburg PA
CBHW081617250726
48657CB00009B/2602